走向数字文明

[美]
斯蒂芬妮·L.沃纳 (Stephanie L. Woerner)
彼得·韦尔 (Peter Weill)
艾娜·M.塞巴斯蒂安 (Ina M. Sebastian)

著

数字化路径

MIT教授写给高管的转型手册

闵彦冰
褚荣伟
张琦 译

机械工业出版社
CHINA MACHINE PRESS

麻省理工学院的研究科学家斯蒂芬妮·L.沃纳、彼得·韦尔和艾娜·M.塞巴斯蒂安在与世界各地的高级管理人员合作多年后发现，这些领导者知道他们必须改变自己的业务，但缺乏一个连贯的框架和共同的语言来指导和激励员工，让每个人都专注于一个共同的目标。

基于多年严谨的研究和来自超过1000家公司的数据，包括西班牙对外银行、西麦斯、星展银行、富达银行、马士基银行和许多其他公司，作者在本书中提供了一个强大的、经过实地测试的"四种路径"框架，指出公司必须在哪些重要维度上脱颖而出，以保持竞争力，以及每个公司必须管理的组织爆破，作为转型旅程的一部分。三位作者表明，我们的目标不是数字化转型，而是深刻的商业转型。《数字化路径：MIT教授写给高管的转型手册》是帮助你成为数字经济时代佼佼者的基本指南。

北京市版权局著作权合同登记　图字：01-2023-3539号。

图书在版编目（CIP）数据

数字化路径：MIT教授写给高管的转型手册 / （美）斯蒂芬妮·L.沃纳（Stephanie L. Woerner），（美）彼得·韦尔（Peter Weill），（美）艾娜·M.塞巴斯蒂安（Ina M. Sebastian）著；闵彦冰，褚荣伟，张琦译 . — 北京：机械工业出版社，2024.1

（走向数字文明丛书）

书名原文：Future Ready: The Four Pathways to Capturing Digital Value

ISBN 978-7-111-75080-2

Ⅰ.①数…　Ⅱ.①斯…②彼…③艾…④闵…⑤褚…⑥张…　Ⅲ.①数字技术–应用–企业管理　Ⅳ.①F272.7

中国国家版本馆CIP数据核字（2024）第041295号

机械工业出版社（北京市百万庄大街22号　邮政编码100037）

策划编辑：李新妞　　　　　责任编辑：李新妞

责任校对：王乐廷　李 杉　责任印制：张 博

北京联兴盛业印刷股份有限公司印刷

2024年7月第1版第1次印刷

170mm×230mm · 14.5印张 · 1插页 · 156千字

标准书号：ISBN 978-7-111-75080-2

定价：88.00元

电话服务　　　　　　　　　　网络服务

客服电话：010-88361066　　机 工 官 网：www.cmpbook.com

　　　　　010-88379833　　机 工 官 博：weibo.com/cmp1952

　　　　　010-68326294　　金 书 网：www.golden-book.com

封底无防伪标均为盗版　　　机工教育服务网：www.cmpedu.com

译者序

数字化的话题并不新鲜，数字化浪潮的冲击也已经是"老调"了。视频租赁巨头百视达（Blockbuster）败给了奈飞（Netflix）；数字摄影的先行者柯达（Kodak）在战胜了无数竞争对手后，却未能逃脱时代的洪流。

但"重谈"数字化转型为何还如此之重要？根据中国信通院的统计数据显示，中国企业在数字化转型的道路上失败的概率可能高达90%以上。但全球企业为数字化转型的投入累计数千亿美元，最近生成式人工智能（Generative AI，简称 GAI）的突破也使得数字化转型的道路变得更加扑朔迷离，没有数字化，AI 战略更加无从谈起。

我们绝大多数的公司仍旧在坚守产品或者行业的固有特性，并在此基础上制定公司战略。长此以往，企业往往陷入了战略思维的误区。在你开始阅读《数字化路径：MIT 教授写给高管的转型手册》，学习 AI 时代数字化转型的具体做法之前，你可以冷静地想一想，你的企业是否也是这样的？

1. 我们认为自己的竞争对手是那些跟我们提供类似产品的公司

冲击三大电信运营商短信业务的并不是它们之中任何一家开发的创新产品，而是微信；抢占了四大行贷款业务市场份额的产品并非来自银行业，而是支付宝。虽然电信运营商和银行在各自的领域内更加专业，但是这些数字平台更了解客户发短信和借钱背后的更加立体的信息。所有公司必须找到自己在 AI 时代真正的竞争对手，它们不一定是数字平台，也有可能只是一家初创公司。

2. 我们以为产品是自己传递价值的唯一载体，而客户是自己收入的唯一来源

产品本身就可以在 AI 时代扮演更大的角色。过去我们用数据来定义产品，现在产品能反过来优化数据。带有传感器的智能音箱、扫地机、监控摄像头搜集到的信息不仅可以增加产品的便利性，甚至可以拯救生命。对于公司而言，也是一个创收的渠道。

更好的产品，更满意的客户，更高的收入——这些现象往往会让公司对数据或数字生态系统下的机会和威胁视而不见，甚至忽略 AI 时代常见的网络效应，即使用人数越多，产品价值越大。当客户数据更加完备，公司也能让算法发挥出更大的价值，反向牵引客户需求。

3. 我们把产业链看成是单一独立的

我们往往会因为自己所处的行业与业务范畴而限制了自己在产业链上所扮演的角色。似乎完成销售、做好售后就是整个价值链的终点。事情远没有那么简单。

我们可能听过如何给和尚卖梳子、如何在非洲卖皮鞋这样的脑筋急转弯。虽然这些问题的答案听起来像是在耍小聪明，但是，即便是像买车这样的传统交易，客户在购买前后也需要思考道路状况、加油站、充电桩的布局等因素。传统的商业模式本质不会考虑这些生态系统。现在传感器和物联网创造了基于生态链的商业机会。即便是在公司内部，基于传感器、物联网和 AI 的"无人工厂"为各种企业实现了降本增效。

在这样的认知下，数字化转型必然举步维艰。在古罗马有一句格言："Si vis pacem, para bellum"，其意为"汝欲和平，必先备战"。这句古语深刻地揭示了一个永恒的真理：唯有对未来潜在的挑战做出周密的准备，我们才能确保社会的和平与稳定。这也恰恰是我们强烈推荐《数字化路径：MIT 教授写给高管的转型手册》这本书的主要理由。

　　作者们指出，公司创造和获取价值的方式发生了深刻变化。首先，公司需要理解三种不同类型的数字价值：来自客户的价值（交叉销售、增加忠诚度、卓越的客户体验）、来自运营的价值（提高效率、模块化和组件重用、自动化流程）以及来自生态系统的价值（利用合作伙伴拓宽获取更多客户和产品服务的范围）。有了这些价值类型的认识，公司可以采取行动来创造 AI 时代的数字价值，包括：识别市场机会、构建互补的能力，并最终构建自己的生态系统。做到这些，公司将真正成为"面向未来"的企业。

　　MIT 的研究团队历经数年，对数千家企业进行深入研究、总结经验，为我们清晰地勾勒出了 AI 时代数字化转型的方向和路径。

　　《数字化路径：MIT 教授写给高管的转型手册》适用于各种公司，无论是成熟的大企业还是刚起步的小团队，不论是数字原生的创新企业还是传统行业的老牌公司。该书不仅仅是一部解读数字化转型的指南，更是一部教导我们如何在快速变化的商业环境中保持竞争力的经典之作。

　　数字化转型，远非一时的流行趋势或仅仅是技术革命那么简单，而是一场涉及技术、战略和人力资源协同的复杂变革和文化转型。因此，在迈向这场数字化征程之初，组织必须明确一点：技术虽然提供了实现变革的必要工具，但推动创新和成长的核心力量，实则来源于品牌的理念和使命、领导者的战略洞察力，以及组织持续学习和进化的文化氛围。最后，我们应牢记，数字化转型是一段不断探索的旅程，而不仅仅是一个终点。

褚荣伟

复旦大学管理学院市场营销学系副系主任、副教授

复旦大学中国市场营销研究中心（CMRC）秘书长

目　录

Future Ready

第一章
创建面向未来的公司

　　随着数字化进程的加速，为了提升业绩，企业竞相从数字化转型中挖掘新的价值红利。[1]虽然数字经济为许多企业创造了机会，但那些无法快速适应的企业将举步维艰。其中表现优异的企业例如，施耐德电气（Schneider Electric）帮助客户通过物联网（Internet of Things，IoT）服务降低了高达30%的能源成本，而物联网相关的服务也为施耐德电气全部收入贡献了一半的业绩。实现这样的成功，需要卓越的远见、时间和投资。再如，西麦斯（CEMEX）创造了一种全新的方式，通过一套移动解决方案更高效地与一线经理互动，简化了下单和付款流程，并实现了对交付的实时跟踪。数字化让实时合作变得更加容易。以中国的微信为例，它通过协同多方合作伙伴提供互补的产品，满足客户的日常需求。或者看看美国富达投资集团（Fidelity Investments）

与报税公司、金融服务公司和身份管理服务商的合作，为其客户提供了核心产品之外的精选服务作为补充。[2] 数字化还使业务流程更加模块化，通过复用已有的功能，加速了创新。例如，亚马逊（Amazon）从图书业务扩展到了购物和娱乐领域，最近还添加了贷款等金融服务模块，并通过亚马逊云（AWS）销售其底层的技术服务。我们可以看到像亚马逊、微软（Microsoft）和脸书（Facebook）这样利用其平台的公司，其价值在股票市场上也得到了认可。最近，我们还看到像嘉信理财（Charles Schwab）、维萨（Visa）、星展银行（DBS）和唐恩都乐（Dunkin' Brands）这样的非科技企业，在具有数字化意识的领导团队的带领下，运用数字化获得了很好的业绩。[3] 我们的目标是为传统公司注入数字化能力，使其成为数字经济中的佼佼者，成为一家面向未来的公司。本书旨在通过具有启发性的案例和数据分析，展示顶尖玩家的运作方式，让其成为企业在数字经济中成功的参考手册。我们也提供了自我评估的工具，帮助领导者以业绩最佳者为对标基准，评估转型的机会和进展，为未来做好准备。

眼前的难题

对许多传统企业而言，现有商业模式面临威胁。在为一家大型银行（暂且将其称为 BankCo）举办的研讨会上，这一点得到了印证。这家银行已经成功经营了一百多年，主要通过抵押贷款获利。它曾经是市场上抵押贷款服务的不二之选。但久而久之，中介机构站到了银行与客户之间。

这些中介机构的形式多种多样，其中最常见的是提供不同抵押贷款选择的经纪人。这些抵押贷款经纪人通常是做传统的线下面对面交易的，但也有一些是在线业务，如美国的贷款公司 Rocket Mortgage、澳大利亚的贷款公司 Domain 和英国的抵押贷款平台 Habito 等。很快，通过经纪人发放的抵押贷款占银行抵押贷款总额的比例超过了 50%。更具挑战的是，抵押贷款经纪人通常会在前端分走约 50% 的利润，有时还收取后续的佣金和其他费用。最令人困扰的是，即使银行获得了抵押贷款业务，因为存在抵押贷款经纪人与客户的业务关系，银行也很难向客户推销其他产品。

眼前 BankCo 就面临商业模式的选择难题，它有三个选项。第一个选项是接近客户，提供世界一流的抵押贷款体验，并与他们的合作伙伴（如抵押贷款经纪人）竞争。第二个选项是远离客户，成为符合每个国家监管要求的"按揭即服务"的一流提供商。这个选项意味着他们实际上是在向任何想要按揭贷款的终端客户的中介机构做推销——按揭产品既符合当地监管，抵押贷款利率又有吸引力。他们将成为按揭贷款领域的贝宝（PayPal）——不再提供即插即用的支付方式，而是提供一种品牌抵押贷款产品，可以无缝集成到任何其他公司的平台上。第三个选项是兼具以上两种功能。第三个选项的问题在于，向客户靠近所需的能力和组织结构，与向中介提供世界一流的抵押贷款服务完全不同。

接近客户，需要具备真正聆听客户的声音并做出及时响应的能力，并在整个过程中提供令人愉悦的体验。相比之下，远离客户这个选项需要创建一个即插即用的世界一流的抵押贷款平台。我们将在之后的章节中回到 BankCo 并分享接下来发生了什么。你的公司是否也面临这种转型的选择呢？很有可能。

这是一本帮你利用数字化捕获价值的指导手册

公司要在数字经济中成功转型需要有远见，也需要一份指导手册，帮助公司激励员工、与市场沟通，齐心协力将决策层的愿景真正落地，在日益数字化的世界中创造新的价值。我们开发的框架首先是从描述什么是面向未来的公司开始。

我们将那些为了同时实现以下两个目标而实施的业务变革定义为数字化转型：①使用数字技术和实践来加速企业发展；②通过标准化和自动化流程节约成本，复用数据、流程和技术，识别能提高生产效率的环节。同时，这些公司正在使用数字技术和实践进行创新：开发新的产品和服务，寻找新的方式与客户互动，探索新的商业模式和收入来源。一些数字技术和实践将提高效率、创造机会。例如，使用应用程序编程接口（Application Programming Interfaces，API）[4] 可以将核心功能服务化、标准化和自动化，这样可以复用，甚至可以被打包成新的产品供客户选择。

我们将那些能始终如一地优化客户体验、提高效率的公司称为"面向未来的公司"。面向未来的公司在决策早期就会考虑和使用数字工具和方法来应对大大小小的挑战或机会。这些数字工具和方法包括：搭建可重复使用的平台、边测试边学习的技术、敏捷的方法、通过数字化连接进行合作以实现增长和积累等。这些面向未来的公司是表现最好的公司，据估算，数字化为这些公司提供了丰厚的回报[5]——它们的平均营收增长率比行业平均值高出 17.3 个百分点，净利润率则比行业平均值高出 14 个百分点。

基于五年多的深入研究，我们开发了这本指导手册。这些年的研究涉及超过 50 名高管的访谈，覆盖 2 000 多名受访者的问卷。此外，我们还在世界各地、不同行业的高管团队和董事会中进行了多次实测，甚至组织了大量的公开演讲和大师班。

图 1-1 描绘了我们为领导者推荐的路径，以便他们找到公司面向未来的定位，并且使其成为数字经济中的佼佼者。

- **激发**：向你的员工、经理、董事和合作伙伴阐明公司的使命，并使其与面向未来的定位相结合。数字化转型对整个公司都是一种挑战，而一个强有力的使命可以为每个人在这一旅程中提供意义。
- **开辟**：从以下四条路径中选择一条，或者如果你的战略需要，也可以在多条路径上同时进行；并且向大家传达这些途径，用一套公司里每个人都能理解的语言体系描述这个路径。
- **预判**：预判一些常见的挑战——我们将其称为"组织爆破"（organizational explosion）。这些挑战通常发生在所有的数字化转型中，管理者需要应对并解决它们。
- **打造**：有助于面向未来的公司创造价值的十种通用能力。
- **积累**：在运营、客户和生态系统这三个方面，创造、获取和跟踪价值。

图1-1　面向未来的旅程

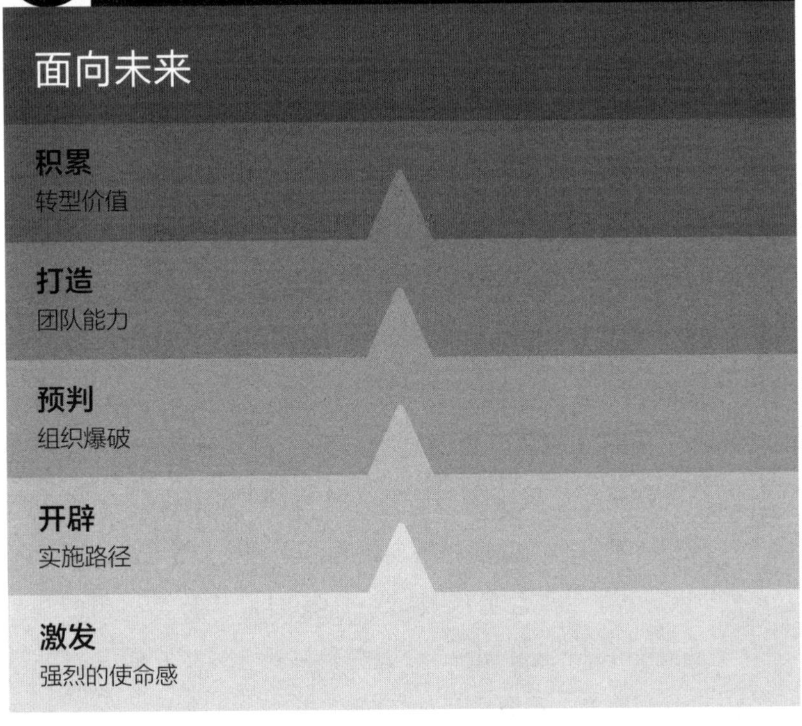

面向未来

积累
转型价值

打造
团队能力

预判
组织爆破

开辟
实施路径

激发
强烈的使命感

设定背景：面向未来的公司

企业在运营效率和客户体验方面的改进，形成了一个 2×2 的框架，描述了四种类型的企业，其中面向未来的公司位于右上角的象限（见图 1-2）。使用每个维度的多个指标，以同行业的竞争对手为参照物，我们将 1 311 家公司对应放入这个框架的各个象限。这些公司的平均年收入约为 48 亿美元。[6]

孤岛与乱麻

大多数大型企业往往始于象限的左下角，它们的客户体验和运营方式相对比较传统，而且通常积累了多年来开发或收购的大量产品系列。这也是约 51% 的公司所处的位置——公司越大、越老，就越有可能处于这个象限。公司内往往会有一些孤岛（公司的一个子集的系统，支持一个业务单元、一类产品、一个区域或一种客户类型），与公司的其他系统不兼容，或没有被整合。当它们引入新的产品、进入新的区域、服务新的客户类型，或在现有的基础上增加新的服务（或必须满足新的法规）时，孤岛又会增加，系统之间各自为战。然后，在这些公司要实施点对点解决方案时，就会乱成一团乱麻。特别是当它们需要提取数据时，需要将多个系统与其他系统相连接，最终整体系统就会像一团乱麻。

这塑造了一个由业务流程、系统和产品相关的数据构成的复杂的集合体。其结果就是七零八落、劳心劳力且令人沮丧的客户和员工体

图1-2　成为面向未来的公司

转型完成 ↑

转型完成

客户体验 不断地以客户为中心

全面体验	面向未来
• 尽管运营较复杂，客户能得到一个综合的体验（模拟的） • 强大的设计和用户体验 • 丰富的移动体验，如在线消费	• 同步实现创新和降本 • 极好的用户体验 • 模块化和敏捷化 • 动态的合作关系 • 数据是战略资产
孤岛与乱麻	工业化
• 产品驱动 • 复杂的流程、系统和数据 • 英雄主义使然	• 即插即用的产品或服务 • 将成功经验服务化 • 每项任务都有最优解 • 单一真理来源

运营效率 ——————→ 转型完成
提升自动化、标准化、复用度、生产力

资料来源："面向未来"的框架和路径来源于2015—2017年期间就数字化转型问题与全球高级管理人员进行的一系列访谈和对话。该框架、路径和成效的量化验证主要来自麻省理工学院信息系统研究中心（MIT Center for Information Systems Research，CISR）的两次调查（2017年和2019年）和进一步的访谈，以及在2018—2022年期间进行的40多次研讨会。

验，而这还会因为产品孤岛而变得更加糟糕。通常，这些公司能否提供有吸引力的客户体验，在很大程度上取决于员工的个人英雄主义。我们的一个朋友最近在帮她的父母处理银行业务，就两件事情，即在存款账户中添加一名家庭成员，然后看看相应的福利。在经过几轮初步对话后，银行要求四名家庭成员同时到同一家银行的分行。接着，银行柜员花了一小时填写表格，而此时家庭成员在一旁等待。直到银行另一个团队的员工来帮忙，这两个简单的任务才得以完成。这一圈折腾完之后，每个人都很沮丧。不出所料，处在这个象限的公司，它们的营收增长率和净利润率都是最差的，分别比行业平均水平低 10.5 个百分点和 6.5 个百分点（见图 1-3）。

工业化

工业化的公司（图 1-2 中象限右下角）最初的转型投资一般集中在利用自身的工业化优势实现业务的自动化。它们依赖自己过往的成功路径（成功法宝），并将其变成模块化和标准化的数字化服务。这类公司会开发出处理每项关键任务（例如，保险索赔、客户入职、风险评估）的最佳方式，努力使其在整个公司内标准化。它们将对内和对外的数字产品 / 服务设计为即插即用的模块，以此快速、低成本地满足客户的需求。它们将与客户互动的数据以及其他地方收集到的数据相结合，作为一个统一的数据来源，公司里任何有权限的人都可以使用这些数据辅助决策。随着时间的推移，这些流程和决策都会被自动化。在被调查的 1 311 家公司中，只有 7% 的公司是工业化的，这些公司报告的平均营收增长率低于其行业平均水平 1.7 个百分点，净利

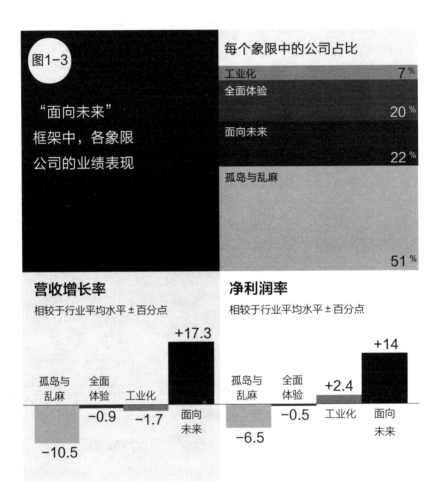

资料来源："面向未来"的框架和路径来源于 2015—2017 年期间就数字化转型问题与全球高级管理人员进行的一系列访谈和对话。

该框架、路径和成效的量化验证主要来自 MIT CISR 的两次调查（2017 年和 2019 年）和进一步的访谈，以及在 2018—2022 年期间进行的 40 多次研讨会。

自行报告的净利润率/营收增长率与实际利润率/营收增长率显著相关（$p<0.01$）。净利润率和营收增长率是与行业平均值进行比较的，并且进行了 5% 的去极值处理以剔除异常值。

润率高于行业平均水平 2.4 个百分点。这种净利润率高、营收增长率略低于行业平均水平的组合，反映了处于这个象限的公司对工业化和运营效率的重视。

全面体验

处于全面体验象限（左上角）的公司致力于提供比行业水平更好的客户体验，尽管这让它们的业务变得更加复杂。希望提供全面体验的公司会开发吸引人眼球的网站和移动 app，也会雇用更多的设计师和客户经理来改善客户体验。许多公司试图通过数据分析改善客户体验。然而，在改善客户体验的同时，这些拥有全面体验的公司往往服务成本也更高，因为业务底层的流程、技术和数据环境依旧是复杂的，或者会因为更全面的服务而变得更加脆弱。大约 20% 的公司处于全面体验象限，其表现与行业平均水平相当，营收增长率比行业平均水平低 0.9 个百分点，净利润率比行业平均水平低 0.5 个百分点——与处于"孤岛与乱麻"象限的公司比，还是有很大改善的。

面向未来

面向未来的公司在通过创新吸引和满足客户需求的同时还能降低成本。它们的目标通常是满足客户的需求，而不是推介产品。客户无论选择哪种服务交付渠道，都可以有一个良好的体验。在运营方面，公司的能力是模块化且灵活的；数据是一种战略资产，公司内所有需要它的人都可以使用。这些公司知道自己不可能独立完成所有工作，

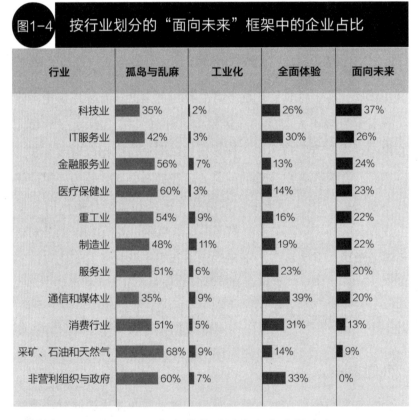

图1-4 按行业划分的"面向未来"框架中的企业占比

行业	孤岛与乱麻	工业化	全面体验	面向未来
科技业	35%	2%	26%	37%
IT服务业	42%	3%	30%	26%
金融服务业	56%	7%	13%	24%
医疗保健业	60%	3%	14%	23%
重工业	54%	9%	16%	22%
制造业	48%	11%	19%	22%
服务业	51%	6%	23%	20%
通信和媒体业	35%	9%	39%	20%
消费行业	51%	5%	31%	13%
采矿、石油和天然气	68%	9%	14%	9%
非营利组织与政府	60%	7%	33%	0%

资料来源：MIT CISR 2019 年高层管理团队和转型调查（MIT CISR 2019 Top Management Teams and Transformation Survey，*N*=1311）。所属行业是自行报告的。行业分组基于 NAICS 编码。

所以它们擅长利用合作伙伴来为客户增加更多的价值。

我们发现，22% 的公司已经面向未来。这些为未来做好准备的公司是表现最好的公司——据估计，它们的平均营收增长率高出行业平均水平 17.3 个百分点，净利润率高出 14 个百分点。星展银行（DBS）就是这样一家面向未来的公司。许多人认为它是"世界上最好的银行"，它财务表现优异、客户体验领先。在过去 10 年中，它已经转型成了面向未来的公司。[7] 我们将在第五章讲述星展银行的历程。

各象限企业的分布在不同行业也有所差异（见图 1-4）。例如，科技行业拥有比例最高的面向未来的公司，其次是 IT 服务业。处于"孤岛与乱麻"象限的企业最多的行业是采矿、石油和天然气、非营利组织与政府、医疗保健和金融服务业（尽管金融服务业面向未来的企业比例也高于行业平均比例）。从"工业化"和"全面体验"的两列往下看，可以很快发现，这些行业正在从"孤岛与乱麻"的象限向"面向未来"的象限发展。

我们知道，几乎每家公司都在探索如何利用数字化。但我们想看看样本中的普通公司和中小型企业（SME）在转型为面向未来的公司的过程是否有所不同。结果发现，差异比我们预期的要少，但有些关键点值得注意。

我们对比了年营收最低的四分之一的公司与处于平均水平的公司。处于孤岛与乱麻象限的小公司比平均水平少，前者占比为 45%，后者为 51%，而处于全面体验象限的小公司比平均水平更多，前者占比为 29%，后者为 20%。处于面向未来象限的中小企业和平均水平的比例相同（22%）。较新、较小的公司往往在创立的时候就是面向未来的。

对于大公司的额外挑战

麻省理工学院信息系统研究中心（MIT CISR）所服务的许多公司都是超大型公司，它们年收入都超过 200 亿美元。我们注意到，将这些超大型公司从孤岛与乱麻象限转移到其他象限，比普通规模的公司更困难。因此，我们研究了 350 家平均收入为 295 亿美元的上市公司，结果令人非常沮丧。这些超大型公司中只有 9% 已经做到了面向未来，而平均水平是 22%。这些超大型公司中约有 70% 处于孤岛与乱麻的状态，而总体的平均水平只有 51%。好消息是，那些 9% 已经做到面向未来的大型公司，也是表现最好的一批公司。

这些超大型公司要克服普通公司在面向未来转型过程中遇到的所有挑战，尤其是巨大的规模和全球化业务带来的阻碍。对这些巨头来说，要构建一个清晰的愿景、一种共同的语言和文化，打造可复用的技术平台，以及其他转型所需的东西，只会更难，但又异常重要。

我们以多种方式衡量了公司面向未来转型的进展。例如，我们调查了管理层对转型完成度的估计。在 2016 年的调查中，转型完成度的平均值为 33%；在 2019 年的调查中，转型完成度的平均值为 50%。在此后的案例研究中，转型完成度进一步提升。这说明，平均而言，公司管理层在履行其对董事会的承诺方面取得了缓慢而稳定的进展。但是，由于我们的评估是对标同行业竞争对手的，所以标准也会水涨船高。

转型面向未来

我们确定了四条路径帮助公司转型面向未来。每条路径都是从左下象限（孤岛与乱麻）出发的。在这个过程中会涉及各种重大的组织变革（见图1-5）。我们将在后面的章节中详细描述这些路径。

路径1：工业化先行

路径1使企业从孤岛与乱麻状态走向工业化。这条路径依赖于构建平台思维，提供API（或类似的）业务服务端口，供企业内外部访问。它能帮助企业替换那些陈旧的流程和系统。在最开始的时候，实施路径1需要集中注意力，并将其他有吸引力的项目先搁置起来。云计算、API、微服务（microservices）和其他技术解决方案的架构能使工业化的进程更快、风险更小、破坏性更小。[8]

路径2：客户第一

路径2旨在从孤岛与乱麻象限走向全面体验象限。当公司最紧迫的战略目标是全面提升客户体验，但同时又面临多个组织孤岛问题时，通常会选择这一策略。一般来说，这些公司会同时进行多项任务：开发新的有吸引力的产品或服务，构建移动应用和网站，提升不同渠道的客户体验，并加强客户关系管理，目的都是让客户感到满意。虽然这样通常能提升客户体验，但这条路径的一个缺点是，它最初会增

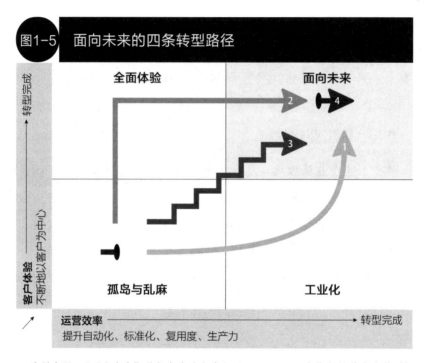

图1-5 面向未来的四条转型路径

资料来源："面向未来"的框架和路径来源于2015—2017年期间就数字化转型问题与全球高级管理人员进行的一系列访谈和对话。该框架、路径和成效的量化验证主要来自MIT CISR的两次调查（2017年和2019年）和进一步的访谈，以及在2018—2022年期间进行的40多次研讨会。

加已经碎片化的系统和流程的复杂性，从而提高了服务客户的成本。

路径 3：拾级而上

路径 3 上的公司会在提升客户体验和优化运营之间不断切换焦点，稳步朝着面向未来的目标前进。这些公司会在较短的时间内，比如 6 个月，不断改变焦点，并将一步步累积的能力和经验传递到下一个阶段。例如，第一步可能是实施全渠道客户体验的项目。之后，公司可能会通过替换一些旧有的流程或创建一个 API 层优化运营。然后，它们可能会通过更智能地利用内部数据，尝试整合更吸引人的客户产品或服务。如果采用这种方法，那么成功与失败的关键在于是否有一个人能领导所有人不断明确路径，而非采取一种随意的方式推进变革。

路径 4：重起炉灶

如果现有公司转型面临重重困难，或者重起炉灶能帮助公司抓住很好的机会，管理者会选择路径 4 来实施转型。路径 4 的优势在于，它使公司从一开始就能以面向未来的要求建立其客户基础、人员、文化、流程和系统。它不需要理会公司遗留的陈旧系统、信息孤岛或文化差异。该挑战在于，一旦新的实体获得成功，领导层如何将其与现有的公司整合在一起，或者是否融合本身都会成为一个问题。

多路并举

你的公司选择哪条路径将取决于公司的竞争地位。我们曾与许多大公司交流，在这些公司中，适合一个业务部门的路径对另一个业务部门来说可能并不合适。例如，公司中的一个业务在客户体验上有优势，则可以专注于路径 1 实施转型，而另一个业务在客户体验上较落后，则需要遵循路径 2 来保持竞争力。或者，如果公司有商业模式上的创新，它想在一个新的团队（在路径 4）中实施，同时，需要通过路径 3 的阶梯步骤改造现有的公司。在这些情况下，公司可以在多个路径上并发前进。不过，有一点值得注意——追求多路并举的公司必须在各个路径之间进行协调，否则会增加复杂性和碎片化，拖延进度。

四种组织爆破

公司必须处理好困难的组织变革，才能发展出新的运营和客户体验的能力。我们将这些变化称为"组织爆破"，因为它发生时就是这种感觉。这些变化重大、破坏性强，影响到公司的大部分员工和合作伙伴。这些爆破并不新鲜，几十年来一直是公司面临的挑战。但是，如果管理得当，这四种爆破会为面向未来的旅程铺平道路，同时也能创建出更敏捷、更懂数字技术、更具协作精神的企业文化。为了使这些爆破创造价值，而不是破坏价值，企业管理者需要谨慎地处理它们，并对其影响进行预判和管理。明确决定由谁以及如何管理这些爆破，通常可以缩短实施的时间，增加成功转型成为面向未来的公司的可能性。我们将在第二章中更详细地描述这些爆破，并在第三至第六章中展示不同公司该如何处理这些爆破。

开发面向未来的能力

为了创造新价值，组织不能仅仅依赖现有力量，还必须进行创新，利用强大、现成的技术。它们需要找到适应环境变化的方式——例如，通过创新逐步改进业绩，或根据竞争对手、客户、合作伙伴和技术的变化而采取相应的行动。面向未来的公司有十种通用能力，它们有助于创造价值，实现持续的竞争优势，增强企业适应未来的能力。在第七章中，我们将描述这些能力，并说明每条路径在早期是如何依赖哪些不同能力的。我们还会帮助你评估你的公司应该如何有效地培养这些能力。

创造价值与获取价值：面向未来转型过程中的早期指标

在数字时代，企业如何创造和获取价值正在发生变化。运营效率和直接的客户体验仍然是至关重要的，但数字业务的重点正在转移，包括提供优秀的数字产品，并与合作伙伴一道为客户提供一站式服务。这种转变是由不断变化的客户期望驱动的，他们希望获得更综合的数字体验，需求被更全面地满足。他们也希望使实时合作变得更容易和便宜。在如今一站式价值创造的世界里，企业通过与合作伙伴的协作增加机会，找到双赢的办法，实现价值最大化并分享收获，而不再依靠过去零和博弈的方法面对市场。

　　转型成功的关键在于从数字化转型中创造价值，然后随着时间的推移积累该价值。为了帮助衡量进展，我们确定了企业在面向未来转型过程中通过数字化创造的三种价值。我们将简要描述这三种价值，并在第三章到第六章中讨论公司创造和获取价值的一些案例，并在第七章中展现如何构建一个仪表盘来衡量你在转型过程中积累的价值。要想了解你所处的位置，需要两种类型的衡量指标：一种指标是通过展示获取价值体现转型成功度；另一种指标是通过跟踪面向未来的能力有效性体现如何创造价值。[9]

　　"价值"包括数字化业务带来的所有好处，如降低成本、改善客户体验、提高忠诚度，以及交叉销售和创新产品带来的业绩增长。被调研的高管们描述了三种类型的数字价值（见图1-6）。这三种价值孕育了第四种价值，即公司的长期价值。

运营价值

　　数字化业务的基础，即来自运营的价值，包括降低成本，提高效率和速度。在我们的研究中，企业通过开发模块化组件、实现流程自动化，以及变得更加开放和灵活创造这种价值。企业对自己的评价是，在创造运营价值方面平均成效为54%。

客户价值

　　通过客户创造的价值包括交叉销售和新产品带来的收入增长，也包括更强的客户黏性。帮助客户满足他们的需求，提供良好的客户体

图1-6 公司必须创造和获取不同种类的价值

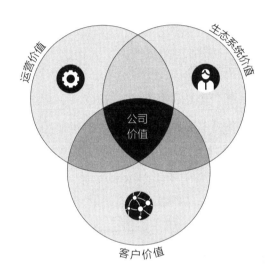

降本提速　　　提升单客户　　　从生态系统　　　增强信任、提升
　　　　　　　创造的收入　　　提升收入　　　　品牌和资本市场
　　　　　　　　　　　　　　　　　　　　　　　的价值

资料来源：该模型基于2020年对高管进行的23次访谈，并利用MIT CISR 2019年高层管理团队和转型的调查（N=1311）数据进行探索性统计分析。这三种价值来源是相关的。当企业有效地创造各类价值时，企业价值就被创造出来了；评估企业价值不是当前研究的一部分。

验，并始终如一地坚持，这有助于创造这种价值。企业可以利用客户
和运营的价值创造之间相互依存的关系，达到一石二鸟的目的。例
如，自助服务可以同时创造来自客户和运营的价值。从客户那里创造
价值是企业成功的一个重要指标，企业评估自己在创造客户价值方面
平均成效为40%。

生态系统价值

企业从生态系统中创造的价值往往被忽视，但随着企业转向数字
化和基于合作伙伴的业务模式，生态系统的价值将变得更加重要，并
对企业的业绩产生更大的影响。[10]当企业利用合作伙伴来提供一站
式服务，扩大覆盖面（获得更多的客户）和范围（提供更多的产品）
时，企业从生态系统中创造了巨大的价值。从生态系统中获取价值，
有赖于从企业主导或参与的生态系统中增加收入，并通过合作实现来
自客户和运营的新价值。[11]企业在创造生态系统价值方面的平均成效
为30%。

这三方面累积的价值是预测公司业绩的重要指标。相对来说，来
自客户的价值具有最强的影响力；其次是来自生态系统的价值；最
后，来自运营的价值影响最小。然而，来自运营的价值是数字业务的
骨架，所以即使它的直接影响最小，它对创造和获取来自客户和生态
系统的价值也是至关重要的。

如今，对大部分公司来说，来自生态系统的价值只贡献了收入增
长和利润率的一小部分，但我们认为，对创造生态系统的公司来说，
未来来自生态系统的价值将成为公司业绩的重要贡献者。虽然许多公

司还无法从领先的生态系统中充分挖掘价值潜力，但通过参与生态系统和追求数字化转型，它们将获得来自生态系统更多的价值。

我们预计，能够成功获取所有三种类型的价值并平衡好三者权重的公司也将成功地创造公司的长期价值，如来自品牌、信任和资本化的价值。

大型企业可以向中小企业学习如何从客户和生态系统中获取价值。中小企业和大型企业在获取运营价值上没有明显的差异。然而，中小企业比大公司更善于从客户和生态系统中获取价值。这可能是因为中小企业规模较小，而且通常是本地企业，必须更接近客户才能生存——它们通常没有很高的品牌知名度或大量的广告预算。我们认为，中小企业将更有可能作为模块生产者从生态系统中获取价值[12]，将其接入大公司的生态系统，以提供特定或本地服务。

本书的结构

在本章中，我们已经建立了成为面向未来的公司的框架，并简述了该操作手册。在本章的末尾，我们制定了一个评估系统，帮助高管团队确定他们在该框架中的位置。还有一个练习题，帮助公司领导者制定一套共同的语言，这是成为面向未来的公司的一个关键要素。在随后的章节中，我们会描述一些最佳实践（来自统计分析和访谈）和案例研究，借此说明如何在面向未来的道路上取得进展。这些案例研究旨在分享成功的经验，以此激励你的团队。

　　在第二章中，我们详细描述了转型成为面向未来的公司的四条路径，以及在每条路径上你会遇到什么。为了展示企业做出的不同选择：以金融服务业为例，每条路径上我们各选了一家公司，我们也选了一家同时选择多条路径的公司［路径 1- 丹斯克银行（Danske Bank）；路径 2-mBank；路径 3- 西班牙对外银行（BBVA）；路径 4- 荷兰商业银行 ING；多路并举 - 哥伦比亚银行（Bank Colombia）］。我们展示了西班牙对外银行在选择第三条路径时，是如何做到有效管理四种组织爆破的风险的。最后，我们通过小组练习，确定你的公司所处的路径，并评估你如何有效地管理组织爆破。

　　在第三至六章中，我们通过案例研究依次展示了四条路径上的旅程。在第三章中，我们描述了凯撒永久集团（Kaiser Permanente）和利乐公司（Tetra Pak）的第一条路径转型之路。在路径 1 中，领导者应该关注建立平台和快速创新。在第四章中，我们展示了车美仕（CarMax）和西麦斯（CEMEX）沿着路径 2 的转型。在路径 2 的转型中，领导者应该将早期重点放在提升客户体验上，然后重建平台。在第五章中，我们探讨了在路径 3 中，运营效率和客户体验之间交替进行时遇到的挑战，此时，领导者需要时刻注意保持齐头并进。两个案例研究——星展银行和柯普尼（KPN），说明了路径 3 的成功。第六章是关于路径 4 的，即创建新生的数字化业务。我们使用贸易透镜（Trade Lens）和澳大利亚房地产服务公司 Domain 来说明开发一个新业务的机会和挑战。我们总结了这种创业（这就像一个初创企业，但有一个企业赞助者）应该回答的四个关键问题。

　　在本书的最后，我们在第七章中讨论了包括高层管理团队和董事会在内的领导者在指导公司实施转型面向未来时的作用。为了帮助领导者在他们通往面向未来的道路上保持正确的方向，我们分享了一个展示价值积累的仪表盘，并提供了比较的基准。同时，我们提供了一个练习办法，帮助领导者在转型过程中建立一个跟踪价值和能力（价值的内容和方式）。在本书的最后，我们对成为"面向未来"并长期保持"面向未来"所需的条件进行了反思。

评估：确定公司所处的位置

自我评估能帮助你确定你的公司目前在"面向未来"框架中的位置。与竞品相比，以 0~100% 对你的公司在两个轴上的有效性进行评分（见图 1-7a）。首先，从评估运营效率开始，包括简化流程和服务，用 API 释放你的核心能力，并使其开放可用（内部和外部）。对运营效率的四个关键领域进行打分。其次，对这四个领域的分数进行平均，得到一个运营效率的评分。然后，对你公司的客户体验做同样的处理，重点是与竞品相比，你的公司如何有效地放大客户的声音，并发展一站式客户体验。最后，在未来准备框架上绘制这些分数（见图 1-7b）。

我们建议你让你公司的多位同事独立完成这项评估，然后比较结果。你会更全面地了解公司的现状，并可能在公司的不同部门发现不同的评分。注意这些差异，并利用它们作为甄别公司的未来发展方向。

图1-7a "面向未来"框架评估表

用0（毫无成效）到100%（成效显著）
50%表示与竞争对手相仿，你的公司在以下方面成效几何？

运营效率
（"面向未来"框架中的 x 轴）

简化和自动化业务流程	%
用API服务化核心能力	%
复用核心能力和服务的模组化	%
衡量生产力和有效性	%

平均为 %

客户体验
（"面向未来"框架中的 y 轴）

在公司内部放大客户的声音	%
开发跨业务产品的客户体验	%
定义谁能开发新的客户体验	%
衡量客户体验的有效性	%

平均为 %

资料来源："面向未来"的框架和路径来源于2015—2017年期间就数字化转型问题与全球高级管理人员进行的一系列访谈和对话。该框架、路径和成效的量化验证主要来自 MIT CISR 的两次调查（2017 年和 2019 年）和进一步的访谈，以及在 2018—2022 年期间进行的 40 多次研讨会。

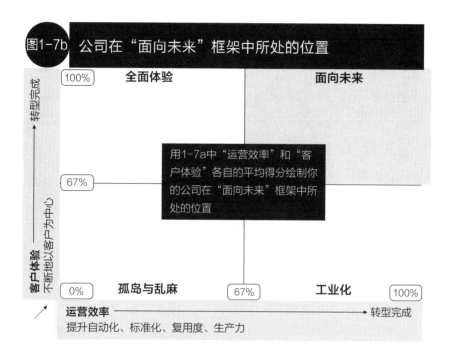

图1-7b 公司在"面向未来"框架中所处的位置

练习：发展一种共同的语言

利用评分的结果，让我们开始对话。我们在 MIT CISR 研讨会上与高级管理团队做的练习之一就是分享业绩数据和正在转型成为面向未来的公司的例子。然后，我们要求高级管理团队分成小组，讨论他们公司如果面向未来，可能是什么样子的。这种讨论几乎肯定会浮现相互冲突的期望、愿景，甚至是语言。

在最近与一家金融服务公司的首席执行官（Chief Executive Officer，CEO）和高层管理团队举办的研讨会上，我们注意到平台和生态系统这两个词被不同的高管以不同的方式使用。没有一个高管停下来质疑这些术语的含义和使用语境。相反，他们对自己的词汇和独有的思维框架感到自满。问题是，随着我们的引导，他们在说话时的内在矛盾逐渐显现出来。

每位高管在使用"平台"这个词时都有一些不同的意思，包括平台的商业目的和平台的形式。首席信息官（Chief Information Officer，CIO）谈到了建立一个数字化服务平台，服务多个（B2C）品牌，高效提供公司的现有产品。CEO 想要一个新的平台业务，有自己的业务部门（和利润表），他们将向其他公司出售企业对企业（B2B）服务，如支付或身份管理。零售业务负责人谈到建立一个只为零售提供自助服务的平台，专门通过应用程序销售抵押贷款、贷款和保险等传统银行产品。而商业银行的负责人希望建立一个平台，帮助小企业茁壮成长，并囊括银行的产品和合作伙伴的补充产品，如会计软件和客户关系管理（Customer Relationship Management，CRM）系统。经过进一步的讨论，所有参与者都意识到，这家公司正试图在多条路径上进行转型，但这些路径并不协调——因为缺乏共同的语言。随着矛盾的加剧，转型的进展缓慢，挫折感却很强，甚至有人认为"它永远不会成功"。

在进行研讨会时，使用投票测试有助于展示每个参与者的心智模式和成见：你可以立即看到测试结果中意见的多样性。正是这种测试的多样性（在屏幕上可以让大家看到）帮助这家金融服务公司的高管认识到，他们需要创造一种共同的语言，因为他们对银行需要建立、收购或租用的平台有着不同的想法。如果在影响"面向未来"的公司转型成功的因素中，你只能选一个，我们建议创造一套共同的语言系统。但是发展一种共同的语言需要大量的努力和不断的自我强化。

第一章行动要点

1. 通过完成图 1–7b，将你的公司定位在 2×2 的矩阵上，以此确定转型的起始点。你的团队成员可能现在就起点在哪儿会产生分歧。最好先统一团队意见。

2. 讨论：在你的公司中是否有一个明确的、带着使命的转型愿景。

3. 安排团队成员之间的对话，讨论你的公司如果面向未来会是什么样子的。提出如下的问题：我们需要的能力是什么？我们的结构和文化是什么？我们将如何使用数据？我们的合作战略是什么？

4. 开始思考你的公司目前正在进行（或考虑）的转型，并明确遇到的困难。

5. 大公司需要向小公司一样利用技术，变得更加以客户为导向。思考如何利用技术来放大客户的声音。

第二章
实现面向未来转型的四条路径

现在，有意思的部分才刚刚开始——你知道你在哪里，你知道要去往何处。下一个问题是：你将如何到达那里？在完成上一章末尾的评估后，你的团队已经知道公司处在"面向未来"框架中的位置。不少公司会处于孤岛与乱麻的象限。而在完成第一章末尾的练习后，你将更好地理解成为面向未来的公司对于你的公司意味着什么，而且团队也将用统一的语言描述该愿景。那么，你将如何从你所处的位置成功转型成为面向未来的公司呢？我们发现存在四条可行的转型路径可以帮助你实现转型（见图 2-1）。每条路径都是从左下角的象限（孤岛与乱麻）开始，在通往面向未来的道路上都要处理相应的组织爆破，实现变革。

路径的选择取决于许多因素，但最重要的可能是你所处的竞争局面。你需要优化客户体验或提升效率？很迫切吗？在本章中，我们将描述各

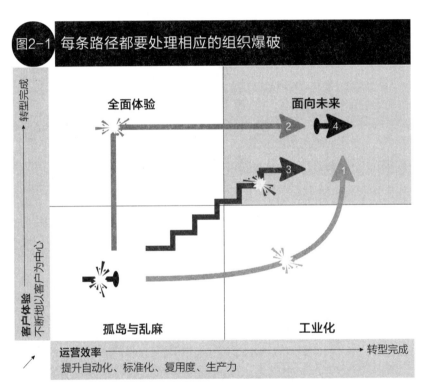

图2-1　每条路径都要处理相应的组织爆破

注：路径上的"爆破"意味着重大的组织变革。

种路径，分享每条路径上的企业所占的比例，并解释它们在面向未来转型上的进展如何。

路径的选项

让我们先逐一描述通往面向未来的四条路径。每一条路径，我们都将用一家金融服务公司的案例来做说明，以此展示同一行业的不同公司如何根据自己所处的竞争局面和目标做出明智的选择。

路径 1：工业化先行

路径 1 使公司从孤岛与乱麻走向工业化，进而成为面向未来的公司。在我们的统计中，有 25% 的公司会遵循这一路径。路径 1 的目标是从根本上简化公司的运营，把重心放在你最擅长的地方（我们将其称为"皇冠上的明珠"）并把它数字化（也被称为"模块化"）。这颗"皇冠上的明珠"可能是你的公司吸引新客户的方式、处理保险索赔的方法、设计一种新产品、编写代码，或者提供现场服务和相关的数据。一旦这些数字化服务（和它们的数据）被创建，将其模块化之后组合成新的产品，创新就会变得更容易和快捷。当企业的客户体验好到足以遏制竞争对手，而最紧迫的战略目标是提高运营效率时，就会选择这一路径。一旦效率问题得到解决，它们就可以开始把全部的注意力放在通过新的模块创新产品并以此提升客户体验上。

路径 1 依赖于建立一个提供可复用和模块化的数字化服务，一个可以被公司内外部合作伙伴访问的平台。项目的成功需要一种平台思维，整合组织孤岛、实现自动化、厘清数据和提升效率。在专注于产品创新之前，工业化通过消灭许多昂贵而复杂的陈旧流程和系统，推动了业务的简化。任何经历过企业资源规划（Enterpise Resoure Planning，ERP）、客户关系管理（CRM）或核心银行业务项目的人都会知道，将公司的核心部分剥离出来并加以替换是一项昂贵且长期的工作。[1] 转型还意味着搁置其他业务。云计算、API、微服务、更好的解决方案架构、软件∕产品即服务（software/product as a service，SaaS/PaaS），以及敏捷的 IT 团队使这个工业化过程比以前更快，风险和破坏性更小。[2]

我们把路径 1 比作一个曲棍球棒——开始时回报曲线很平坦，工作却很辛苦，一旦过了临界点，回报曲线会陡然上升。早期的工作就像在"数字化荒漠"中艰难跋涉。它涉及对遗留系统和数据的清理，以及对流程简化和自动化的投入。在这个困难时期，CIO、首席运营官（Chief Operating Office，COO）和他们的运营同事会要求他们的业务线同事放慢脚步，等待公司工业化的阶段性的完成。一旦数字化流程上线，他们就可以像拼搭乐高积木一样复用数字化的服务。在"数字化荒漠"阶段，业务线高管通常压力很大，常常急不可耐，所以业务线和转型实施团队之间的关系会经常很紧张，甚至是互相指责。而这正是路径 1 通常会失败的原因。公司没有一开始就统一思想，让团队明白只要穿过数字化荒漠，达到路径 1 的终点，就会有丰硕的成果。业务线领导者为客户创造线下的解决方案，而运营领导者继续数字简化流程，如果这样各自为政就会激化矛盾。如果没有进展，那么 CIO 或 COO 往往就成了转型失败的替罪羊。

我们见过许多企业曾多次尝试路径 1 的转型（把所有的流程都数字化、数据模块化的想法是很有吸引力的），每次新上任的 CIO 或 COO 都会采用最先进的技术来领导转型，但都会因为业务端倾向于在线下满足客户的需求而宣告失败。穿越数字化荒漠的一个策略是将转型预算的一部分分给业务线，并要求他们配合把客户对接的流程模块化，这样在转型的后期阶段可复用。这不是一个简单的管理动作，但它对成功转型为面向未来的公司至关重要。

一旦公司进入曲棍球棒的拐点时，转型就会成为一种美好的体验。这时公司已用一些可复用、即插即用的模块化流程创造了新的客户服务。流程更高效、更便宜、更便捷。创新和效率齐头并进，其结果是更好的客户体验，以及因为更低的成本、行业领先的增长和利润率所创造的价值。但是，降低成本和简化流程在实施路径 1 的早期就要引起领导者的足够重视。

对于总部位于哥本哈根、在欧洲 16 个国家开展业务的丹斯克银行（Danske Bank），路径 1 的关键要素就在其 DNA 之中。丹斯克银行在 2012 年的愿景是："一个平台，卓越的品牌。"[3] 在 21 世纪初，该银行对运营效率和复用模块的关注，带来了一系列的好处。例如，即使在 6 年内收购了 5 家银行，运营费用仍然减少了 20%。而这种单一平台的做法也为优化客户关系和提高行业美誉度带来了长期的好处。[4] 丹斯克银行的支付应用程序 MobilePay 如今非常受欢迎，已经被北欧地区的 60 多家合作银行所接受——这就是一个共享平台的好例子。[5]

2020 年，丹斯克银行在其"向更好的银行转型"（Better Bank Transformation）战略中加入了对优化客户体验的强烈关注。[6] 在向路径 1 曲棍球棒的拐点部分前进的过程中，该公司：

- 通过灵活的转型项目，对不断变化的客户预期做出更快的反应，从而获得更好的客户体验并降低成本。
- 通过简化产品结构（在 2020 年至少减少了 25% 的产品数量）和统一各国的产品组合，使得银行的日常业务更便捷。[7]
- 简化业务部门结构，设立两个业务部门——个人和商业客户（Personal & Business Customers）以及大型企业和机构（Large Corporates & Institutions）。

克里斯·沃格尔赞（Chris Vogelzang），丹斯克银行 CEO，解释道：

> 我们持续在一些领域取得进展，包括合规性、社会影响力和新的工作方式。下一步将打破我们组织中的孤岛，并将直接变革我们现在的工作方式，这是"向更好的银行转型"计划的关键举措之一。一个更简单的组织和一个针对业务发展的、更灵活的安排相结合，这将提高我们的执行力，实现更短的产品周期，让我们的整个业务协同起来。这些都会使我们在面对客户时更具竞争力。[8]

丹斯克银行的变革旅程是采取路径 1 进行转型的典型案例，这使它成功转型为面向未来的公司——业务创新和成本优化齐头并进。

路径 2：客户第一

路径 2 涉及从孤岛与乱麻到全面体验象限的转型。这种转型从第一天开始就能令人满意。当企业面临来自竞争对手的压力，而它们最迫切的战略目标是改善客户体验，并在多个组织孤岛中解决这个问题时，企业就会选择这一路径。通常情况下，它们会在内部创新需求的驱使下，试图同时完成几件事——开发有吸引力的产品、搭建移动应用程序和网站、改善呼叫中心和赋能客户关系经理，所有这些都是为了提高可衡量的客户满意度。我们发现，有18%的公司在采取这一路径，包括许多银行、零售商和能源公司。

路径2的好处是，客户体验的改善通常会带来更高的客户满意度，也会提升销售额。这是令人兴奋的，企业中每个面向客户的部门都想领导自己的数字化转型，以此改善客户体验。一旦部门领导者在改善客户体验方面尝到了成功的滋味，他们就会想再做一次更大、更好的尝试。问题是，这些改进往往会涉及全新的、独立的系统，使得本来就很复杂的系统和数据变得更加复杂，增加服务客户的成本。在这种情况下，员工通常需要自己投入更多的努力来兑现对客户的承诺[9]：协助客户从一个系统切换到另一个系统，当客户的管家。随着企业沿着路径2前进，它们会投资于创新项目，比如筹备最小可行性产品（Minimum Viable Products，MVP），基于证据做判断，并使用"边测试边学习"（test-and-learn）的方法。为了确保成本不至于失控，实践路径2的公司必须追踪为客户提供服务的成本，而这并不容易。

总会有那么一天，公司必须专注于提高其运营效率（向框架右侧移动），做好面向未来的准备。相较于路径1（从客户体验到工业化），公司更容易在路径2上坚持转型和改变公司的战略重心，因为它们已经在客户满意度和收入方面有了一定的积累，而且有继续前进的动力。问题是，管理公司不会像在马路上开车一样会有交警拦下你，说："停！现在需要工业化！"因此，首席财务官（Chief Financial Officer, CFO）及其团队在衡量何时需要将重心转向工业化方面将发挥重要作用。

波兰第五大银行集团 mBank 是一个运用路径 2 实施转型的例子。[10] 2000 年，mBank 作为波兰第一家纯数字银行推出了其零售银行业务。[11] 它的管理者意识到，传统波兰银行的客户体验糟糕透了。为了弥补客户体验的不足，mBank 做了一系列的改变，包括优化呼叫中心和上线在线服务等其他产品。其宣传语是"帮助客户，不打扰客户。愉悦客户……随时随地"。[12] 他们专注于客户体验的创新，首先是在线体验，然后是 2012 年增加的手机端产品。在 2020 年，470 万零售客户中有 220 万客户使用了移动 app。[13]

2014 年，mBank 将重心转向工业化，着手开发了一个可以持续提升客户体验并且能灵活部署的平台。经过 14 个月的努力，该数字化平台提供了一系列令人兴奋的功能（包括 30 秒贷款审批、移动支付、视频聊天、与脸书整合、点对点转账和无卡自动取款机提款），其目的是提高效率和缩短客户操作时间。为了更进一步提高客户满意度，mBank 随后利用平台的拓展性，接入了合作伙伴（如法国电信公司 Orange）为客户提供更多的功能。mBank 还将该平台作为一种"便携式银行"（a bank in the box）将其开放给没有竞争关系的银行。[14]

2019 年年底，mBank 推出了 2020—2023 年名为"客户驱动增长"（Growth Fueled by Our Clients）的新战略。通过这一战略，mBank

继续推进路径2，借此应对来自金融科技公司和其他科技公司竞争的同时，满足新的合规要求。它们有四个目标：①通过全渠道和移动优先的做法，实现客户的有机增长；②与合作伙伴共建零售业务平台；③通过敏捷的团队创造端到端的解决方案、提高自动化程度和自助服务，以此提高效率；④通过加大技术投入和增加自动化工具赋能员工。[15]mBank很好地展示了路径2上的旅程，它们正朝着面向未来的方向前进，在实现客户、平台、效率和员工目标之间取得微妙的平衡。

路径3：拾级而上

采取路径3的企业会将数字化转型的焦点从改善客户体验转向运营，来回往复，直至达成目标，以此实现面向未来的转型，而且这些转型项目的规模相对较小、目标更清晰。例如，开始可能是用6个月时间优化全渠道体验。之后，企业会再用6个月的时间，替换一些传统流程或者在其他方面构建API层。然后，转型的重心可能会转向为期8个月的项目，创造更具吸引力、更依赖于客户数据智能应用的产品。我们研究发现，26%的企业采取了这种阶梯式方法。

这种方法的成功与否取决于是否有一份路线图，以此指导每个人的工作，要避免采取一种杂乱无章、非结构化的方法。判断一个企业能否有纪律地实施路径3的方法之一，就是询问管理者看他如何描述某个具体项目是如何服务整体计划的，特别是如何协调改善客户体验与提升运营效率之间的工作。

对很多企业而言，路径3这种兼顾客户体验和运营效率的做法很有吸引力，因为小步快跑（即密集协调各类项目）降低了风险。这样就不会把所有鸡蛋放在同一个篮子里，而且在前期的步骤中学到的经验和成果也可以在后续的实施中应用。公司治理、组织惰性和高效沟通将会成为主要的挑战。对大型企业来说，往往很难同时有效地协调改善客户体验的项目与提升运营效率的项目。在管理上要做到权责清晰，我们稍后会展开说明。组织惰性会阻碍大型企业转型，有企业高管告诉我们，当他们从关注运营效率转向关注客户体验时，有时会感到无所适从。将这一转型的想法传达给员工、市场和客户可能会很困难，甚至会令人感到困惑。更具挑战性的是让每一步都能承前启后。当路径 3 进展不顺利、前后步骤无法承接时，企业就无法获得累积的效益。

BBVA 是一家总部位于西班牙毕尔巴鄂的大型跨国银行，它选择了路径 3 进行数字化转型。为了提高效率，BBVA 先花时间梳理了业务流程，之前因版本升级使得流程如"乱麻"一般。BBVA 先将其业务流程改造成了可扩展、可复用的全球化数字平台。然后，在改善客户体验的方向上，BBVA 将其 2014 年推出的 app 定位为客户的远程控制端口。该 app 的入门指南简单明了，不到 5 分钟，大部分产品购买的介绍也在 1 分钟内。客户拥有自助选项，涉及消费贷款和投资基金。该 app 还是一款虚拟钱包，以及用于和客户经理对话的通信工具。

随着 BBVA 数字化转型的进展，在提高运营效率和客户体验能力之间不断往复，拾级而上。这两类项目的协同性也在不断提升，以至于 BBVA 最终能够同时推进这两个方面的项目，使得整个数字化转型浑然一体。如今，BBVA 可以通过银行的核心平台为客户提供数字化体验，并开放 API 结合其他扩展能力。采用这种方法的一个重要好处是，包括零售商、电信公司甚至初创企业在内的其他公司都可以与银行的服务对接，增强它们自己的产品。

2019 年，BBVA 在其大多数市场上的净推荐值（Net Promoter Score，NPS）位居榜首。[16] 截至 2020 年，来自数字渠道的客户和移动端客户分别占其客户基数的 60% 和 56%。[17] 数字化销售额占总销售额的 66%，而这也是数字化销售额首次超过了其他渠道。[18]

为了提高协调性，BBVA 原 CEO（现任执行主席）卡洛斯·托雷斯（Carlos Torres）希望确保人力被分配到对企业战略影响最大的事项上，而不仅仅是预算最大的事项上。于是，BBVA 推出了一项名为"单一开发议程"（Single Development Agenda，SDA）的投资流程。SDA 借鉴了敏捷开发的流程，在每个季度学习、评估并对两千多件候选事项进行排序。在 SDA 评估环节，每件事项必须展示自己已经交付了什么，并预估下一个季度需要的人才。SDA 流程帮助 BBVA 将尽可能多的资源投资于战略优先事项（2021 年在战略优先事项上配置了 75% 的支出，而 2018 年为 60%），并帮助各类任务更快地产生价值（2018 年花了 1.9 年产生收益，而 2021 年则下降至 1.4 年）。[19]

BBVA 的转型还在进行中，它是典型的采用了路径 3 的数字化转型，随着转型的不断深化，运营效率和客户体验之间的联系越来越紧密。对那些需要迅速提高客户体验和运营效率，并愿意且能够将有效的治理付诸实践的企业来说，路径 3 是一个不错的选择。

路径 4：重起炉灶

当高管们认为，现有公司转型需要很长时间，并且转型方向与现存的文化、技能和系统有很大的不同时，他们会选择路径 4。选择这条路径的领导者不想在现有的组织中挣扎，而是想创建新的公司或业务部门，让它们从一开始就具备面向未来的能力。或者，当一些公司看到了巨大的机会，但是它们当前的能力、品牌或所处的政策环境无法让它们抓住这个机会的时候，它们也会选择路径 4 实施数字化转型。我们发现，有大约 7% 的企业选择了这条路径，作为它们的主要转型策略。例如，德国汽车品牌奥迪创建了一个"原生数字化"（born-digital）的子公司，以此开发移动应用。丰田和宝马也采取了类似的方法。

路径 4 使企业能够从零开始构建其客户基础、团队成员、企业文化、业务流程和系统，打造面向未来的能力。它无须处理各种历史遗留问题，包括陈旧的系统、过时的文化或有隔阂的组织。采取路径 4 的一个挑战是，公司创建了一个全新的、"很酷"的组织，这可能成为公司注意力和投资的焦点，而此时传统组织仍步履维艰。而更大的挑战是，一旦新实体成功了，又该如何在母公司中整合它？

荷兰的跨国银行和金融服务公司 ING 集团在 20 年前采用了路径 4 的方法，并推出了独立的公司 ING Direct。ING Direct 于 1997 年开始在加拿大运营，后来又扩展到澳大利亚、意大利、西班牙、英国、美国等其他国家。其数字化转型策略是在新市场成立网络直销银行。[20]虽然 ING Direct 拥有一些自动取款机，但没有分行。客户通过电话、邮件或互联网与银行互动。该低成本银行最初通过提供高存款利率产品进入市场，之后它逐渐增加金融产品，如常规贷款业务和抵押贷款业务。截至 2006 年，它已在九个国家拥有 1300 万客户。[21]

ING Direct 的各国业务自主运营，但共享一套标准化的业务解决方案和技术平台组件。通过模块和组件的复用，ING Direct 保持了较低的运营费用（占资产的 0.43%，而一般银行的运营费用占总资产的 2.5%），并能够提供更高的存款利率和更低的贷款成本。[22]

2008 年，ING 集团又增加了一个数字化转型的项目——将其分行数字化。通过从实体到数字化运营的转型，母公司将荷兰的分行数量从 600 个降至 260 个，同时将开户时间从 20 天缩短为 20 分钟。2014 年，公司准备将 ING Direct 重新整合回来，并设定了新的战略目标：创建统一的全球平台和 ING 客户体验。[23] 除了少数国家，不再有单独运营的 ING Direct。ING 集团整合了 ING Direct，并在一些市场（如澳大利亚和西班牙）将 ING Direct 更名为 ING，同时搭配开展了高调的营销活动，而在其他市场（即美国、英国和加拿大）则出售了其 ING Direct 部门。[24]

ING Direct 从一个独特的视角（转型 20 年后）为我们展示了路径 4 的旅程。ING Direct 可以说是改变了客户和竞争对手对银行的期望，并降低了其全球服务的成本。但是，在同一个公司中管理 ING 和 ING Direct 两种业务模式并不容易，因为它们具有不同的领导者、平台、文化和业务模式。如今，受过去几年开办的大量新型银行和数字银行的推动，我们看到许多传统金融服务公司采用了路径 4 的方法来参与竞争而且行动迅速。由传统银行推出的数字银行正在缓慢而稳步地聚集势能、积累客户基础，并创造利润。它们包括巴西布拉德斯科银行（Bradesco）的 next、西班牙国际银行（Santander）的 Openbank、哥伦比亚银行（Bancolombia）的 Nequi 和澳大利亚国民银行（National Australia Bank）的 UBank。现在的问题是：采取了路径 4 之后，这些新设的数字银行将如何兑现它们的价值？它们将如何运营——作为单独的实体（甚至成为上市公司），还是作为现有公司中的新平台来支持现有客户？抑或将它们整合到母公司中？

路径的选择

领导者的角色是确定公司（或部门）应该采取哪些路径以及在多大程度上实施转型。领导者需要从如实地评估公司当前的位置出发（基于诸如净推荐值和净利润率等指标），并将其与同行业进行对比（前一章中的评估表是一个不错的起点）。然后，路径的选择将取决于公司的实际情况、竞争环境和管理层认为最符合公司当前能力的方向。[25]

- **路径 1**：如果公司的客户体验处于行业平均水平附近，并且眼下数字化颠覆的威胁不大，那么选择路径 1。CIO 是领导路径 1 的合适人选。
- **路径 2**：如果公司的客户体验明显低于行业平均水平，你已经等不及改进了或竞争对手的威胁很大，那么选择路径 2。对客户体验充满热情且精通数字化的高管是领导路径 2 的合适人选。

- **路径 3**：如果公司的客户体验并不领先，但领导层可以确定几个将产生重大影响的事项，那么选择路径 3。他们可以从那些关键事项开始，然后转而集中精力优化运营效率，分阶段来回切换。懂得客户体验和运营的首席数字官（Chief Digital Officer，CDO）是领导路径 3 的合适人选。

- **路径 4**：当领导层发现无法快速改变公司文化、优化客户体验或运营效率，并借此来实现增长或抓住机会的时候，建立一个新的公司或业务部门就是最好的选择。公司的 CEO 通常会任命新部门的领导者，他是领导路径 4 的合适人选。

一旦公司（即董事会、CEO 和高管团队）选择了一条路径，这项艰巨的任务就开始了——实施转型。图 2-2 显示了不同路径上进行数字化转型的公司的比例，以及它们的完成度（相较于执行团队最初向董事会提出的计划）。有趣的是，在 1 311 家受访公司中，即使其中有不少公司的规模已经很大了，也有 78% 的公司选择主要在一条路径上实施数字化转型。而中小企业自然不太可能在多个路径上实施转型，并且它们需要转型的范围也小于大公司。

到 2019 年年底，公司在数字化转型方面的平均完成度为 50%，而 2017 年为 33%。对价值创造来说，50% 的完成度是一个重要的里程碑。我们发现，在数字化转型上进度超过 50% 的公司，平均净利润率（根据行业进行调整）要比完成度低于 50% 的公司高 14%。

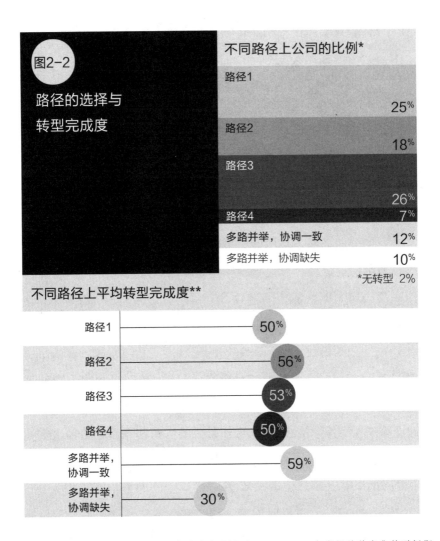

图2-2

路径的选择与
转型完成度

不同路径上公司的比例*

路径1 25%

路径2 18%

路径3 26%

路径4 7%

多路并举，协调一致 12%

多路并举，协调缺失 10%

*无转型 2%

不同路径上平均转型完成度**

路径1 50%

路径2 56%

路径3 53%

路径4 50%

多路并举，协调一致 59%

多路并举，协调缺失 30%

资料来源："面向未来"的框架和路径来源于2015—2017年期间就数字化转型问题
与全球高级管理人员进行的一系列访谈和对话。该框架、路径和成效的
量化验证主要来自 MIT CISR 的两次调查（2017 年和 2019 年）和进一步
的访谈，以及在 2018—2022 年期间进行的 40 多次研讨会。**平均转型
完成度是根据向董事会或 CEO 最初的提议，公司对转型完成度估计的平
均值。

多路并举

在 22% 选择了多路并举的公司中，有超过一半（总公司数的 12%）表示协调得很好。这些公司取得了最大的进展：它们的数字化转型平均完成度为 59%。相反，追求多路并举但协调缺失的公司进展最慢，只完成了 30%。我们在未来几年看到的风险之一是，当公司层面的转型犹豫不决时，业务部门、区域或产品领导者就只能推动局部的转型。这就会导致公司将同时面临多条无法协同的转型路径，面向未来的转型目标会变得遥不可及，财务表现也会很差。

哥伦比亚银行是一家在转型路径上多路并举且协调发展的公司，[26] 也是哥伦比亚乃至拉丁美洲最大的商业银行之一。其 2021 年的收入为 11 亿美元。[27] 哥伦比亚银行向个人客户和企业客户提供各种金融产品和服务。

哥伦比亚银行选择了路径 3，在客户体验和运营效率上来回切换，借此实现面向未来的转型。此外，该公司还采用了路径 4 的方法，单独成立了一家数字银行 Nequi，以此应对来自该地区新晋玩家的竞争。

Nequi 来自哥伦比亚银行的创新实验室，类似于一家创业公司。它是哥伦比亚银行集团的一部分，自负盈亏。它在 2021 年拥有 1 000 万活跃用户。[28] 同时，哥伦比亚银行会不断地评估其风险和机遇。Nequi 的成功源于其对用户的关注、能力的重塑和高韧性的团队。它的商业模式、业务技能、技术手段、运营模式和工作文化，与母公司都有很大的差异。Nequi 在云端构建了其技术基础设施，独立于哥伦比亚银行，并通过银行的会计系统与哥伦比亚银行集成在一起。

虽然外部审计师建议 Nequi 团队遵循传统银行严格的标准流程，但 Nequi 创建了一种不同的文化，催生了更高效的服务和新型的产品。哥伦比亚银行将 Nequi 设计为测试新技术的实验室：测试面部和语音识别的身份验证、新的工作方式和新产品开发等技术。在工作文化方面，Nequi 使用了自组织、跨职能的敏捷团队，这有助于更快地创建新功能。在产品开发方面，哥伦比亚银行通过实验性地使用外部 API，构建开放的生态系统，借此测试金融和非金融业务。

Nequi 与其母公司有多种联系。Nequi 的客户可以使用哥伦比亚银行的 6 000 台 ATM 和 21 000 个非银机构进行金融交易。[29] 资金在哥伦比亚银行和 Nequi 之间无须通过支付网络就能实时流通。我们将在第六章回到哥伦比亚银行和 Nequi 的故事，探讨 Nequi 最终怎么样了。

对许多大型公司来说，可以同时采用多个路径实施转型，但需要投入更多的精力来协调，在不同路径上共享数字化服务和客户数据。第一章中描述的 BankCo 银行采取了三条路径，协调方面还算不错。路径 1 是主要路径，占用了其 70% 的转型支出，重点是简化陈旧的系统和流程，创建高效的抵押贷款引擎，实现直销和通过合作伙伴销售的功能。该银行还在路径 2 上实施转型。它们将约 20% 的转型支出分配给了以客户体验为中心的项目，使银行在市场竞争中保持竞争力。剩下的 10% 用于创建围绕住房所有权的生态系统，为客户提供由保险、法律服务和经纪人等合作伙伴提供的免费产品，帮助他们寻找和购买房产。

从统计数据来看，管理多条转型路径最有效果的公司都做了三件事。[30]

1. **实施指导和沟通工作坊**：在多条路径上实施转型，会让管理变得复杂，需要每个人积极参与、建言献策。为了成功转型，公司必须摆脱命令和控制的管理风格，传达愿景和计划，并指导如何达成目标。

2. **注重跨产品的客户体验**：产品集成很难，而成功的客户解决方案通常涉及多个业务部门的产品和服务的整合。在不同的业务部门之间进行多个转型会使优化跨产品体验变得更加困难（需要考虑新产品和服务模块如何协同工作）。这就要求领导者悉心协调，而客户体验主管就是领导这类转型不错的人选。专注于跨产品体验可以确保优先考虑不同产品间的协调，从而让客户享受到更流畅的体验。

3. **以创新助力转型**：尽管在多个路径上实施转型会更加复杂，但这也会增加将创新付诸实践的机会，因为应用（和复用）创新的空间也会更大。能够解决多条路径的协调问题的领导者，也能从创新中获得更多的价值。

条条大路通罗马

好消息是，所有四条路径都会通向成功。企业在转型过程中取得的进展越多，能实现的增长和利润就越多。但是，实时测量企业的增长和利润，并将这些指标归因于转型完成度是非常困难的，因为企业的业绩表现往往滞后，并受到许多因素的影响。

为了理解企业在数字化转型过程中是如何积累价值的，我们可以应用第一章介绍的数字化转型创造的三种价值——运营、客户和生态系统。在第三至第六章，我们将根据你所选择的路径，确定在转型早

期应该关注哪类价值，分析我们研究的企业是如何构建能力并管理第
一章中提到的四种组织爆破的。在第七章中，我们将介绍一个仪表
盘，其中包含指标和基准值，并将转型划分为三个部分，以便你可以
跟踪和比较转型过程中累积的价值。该仪表盘包括两个重要组成部
分——从数字化中创造的价值（运营价值、客户价值和生态系统价值）
和创造价值的过程［通过横跨四大领域（运营、客户、生态系统和基
础设施）的十个面向未来的能力］。

随着企业的数字化转型不断推进，它们在运营、客户和生态系统
方面累积的价值也在增加。这三种价值的稳步增长表明，成功的转型
会随着时间的推移帮助团队培养技能和构建能力，这些都是可衡量的
进步。运营价值的累积速度最快，其次是客户价值，最后是生态系统
价值。为了确保你的企业在转型过程中取得进展，你需要一个仪表
盘，向所有人展示这三个领域的价值是如何累积的。例如，前面提到
的 BankCo 就创建了一个仪表盘，每种价值类型都有 3~4 个指标，跟
踪它们的进展，定期向董事会汇报。这个仪表盘也对员工开放。为运
营、客户和生态系统中的每个领域确定 3~4 个指标（不要太多！），
这样可以就转型成功与否的重要标志达成共识。可以用以下衡量价值
累积的指标作为讨论的起点。

- 运营价值：与竞争对手相比，你公司的运营成本、产品上市速
  度和运营效率。
- 客户价值：你公司通过交叉销售获得的收入占比，新产品的收
  入占比，以及你公司为提高客户黏性（即保留和转化）所做投
  入的有效性。
- 生态系统价值：你公司通过生态系统获得的收入占比，你公司

与合作伙伴提供捆绑产品和服务的有效性，以及你公司可以访问的生态系统数据占比。

四种组织爆破

成为面向未来的企业是一项艰巨的任务。在实施转型前，大型企业通常已经用多年的时间开发了很多产品和服务，并会受到根深蒂固的非数字化文化的影响。这些产品和服务通常各自为政，往往通过复杂的流程、操作、系统和数据相互连接。这种复杂性使得员工难以提供价值，导致客户面临糟糕的碎片化体验。通过研究数字化业务转型，我们识别了四种重大的、具有颠覆性的组织变革，领导者必须进行这些变革，开发新的能力优化运营效率和客户体验，克服组织的复杂性，推动企业朝着面向未来的方向发展。我们将这四种变革称为"爆破"，因为它们给人的感觉就是，企业正在摒弃过去的做事方式、消除障碍，加快行动速度。每个企业对这些变革的体验略有不同，这取决于其能力、竞争环境、行业法规、战略目标和其他企业特征。明确讨论如何预测和管理这些变革有助于企业集中精力推动转型。表现最佳的企业在管理这四种变革方面的成效比表现一般的高出约 70%（见图 2-3）。你的企业与之相比如何呢？

决策权

实施转型会改变谁来做出关键决策并对其负责。例如，当一个关键流程正式被改变时，一些项目会获得资金支持，而一些产品会停产，还有一些会被推向市场。明确的决策权一直是有效的 IT 治理的关键组成部分，[31] 但在数字时代，它超越了 IT 部门，涉及公司整体对数字技术的愿景、配置和使用。通常，只有少数几个关键决策权需要关注。例如，将需要做什么工作与如何交付工作的决策权分开，这是发展敏捷组织的关键。如果将"要做什么"和"如何做"的决策权交给同一个团队，那么很可能会让组织掉进孤岛与乱麻的象限。

工作方式革新

提升客户体验和运营效率需要重新思考和设计员工的工作方式，这是一次激励员工直面新挑战、取得新成就的机会。新的工作方式通常包括与客户共同创造产品和服务、建立能够加快产品上市时间的合作伙伴关系、边测试边学习、形成更加实事求是的做事方式，并以敏捷的方法在跨职能团队中协作。

平台思维

为了做到面向未来，我们需要向亚马逊、贝宝和微信等平台型公司学习，培养一种平台思维。建立平台思维意味着，认识到可复用的数字化服务能够使企业更快地进行产品创新、扩大运营和产品的规模。[32] 企业应该将自身的优势转化为模块化、服务化和可复用的数字化服务。这样，它们就能通过整合各个系统孤岛解决碎片化的问题，使流程标准化，并在可能的情况下实现自动化。

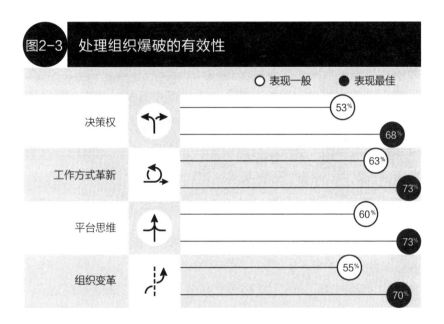

图2-3　处理组织爆破的有效性

○ 表现一般　　● 表现最佳

决策权　53%　68%

工作方式革新　63%　73%

平台思维　60%　73%

组织变革　55%　70%

资料来源：MIT CISR 2019 年高层管理团队和转型调查（N=1311）。表现最佳的公司的净利润率排名前四分之一（数据按行业做了调整）。自我报告的净利润率与实际利润率显著相关（$p<0.01$）。

组织变革

组织变革又被称为重组或重构，这些组织设计变革消除了组织的复杂性，帮助企业专注于提供更好的客户服务。多年来，大多数企业都经历了不同形式的组织调整，这有助于避免组织惰性，降低成本基数，并在面对重大行业转型时支持战略方向的改变。[33] 在朝着面向未来转型的过程中，企业通常会意识到它们当前的组织方式与其所期望的运营方式并不匹配，因此需要进行某种形式的组织调整。这种调整通常涉及：面向客户旅程重新设计业务流程、整合公司内部的孤岛，以及（最近发生的）层级结构的扁平化，同时，对职能角色、报告条线和激励机制进行修订，以此加快公司运作速度。

明确决定谁以及如何管理爆破，这通常会缩短变革所需的时间并增加实现面向未来转型的成功率。

BBVA 是如何管理组织爆破的

现在，我们将回到 BBVA，并简单反思一下（见图 2-4），看看该银行在其持续转型过程中是如何处理这四种组织爆破的。我们的目标是以此帮助你选择必要的组织变革种类、培养新的能力和创造价值。

2013 年，公司的发展问题已经让 BBVA 执行董事长弗朗西斯科·冈萨雷斯（Francisco González）担忧了许久。BBVA 需要果断地

图2-4 BBVA是如何管理组织爆破的

决策权

- 确定五个关键领域（如人才和文化、工程、客户解决方案）并从公司内外部建立领导力
- 市场进入战略和交付的决策权分离
- 创建SDA流程，用于所有项目的优先级排序、价值识别、协调和资源配置

工作方式革新

- 采用敏捷方法，创建了数百个跨学科的敏捷团队
- 围绕客户的声音开展工作。例如，对客户旅程进行分类，将其作为主动优化和实现个性化的基础，将app定位为客户的主要接触点

平台思维

- 用可扩展的标准化平台取代乱麻状的IT系统，用这些平台结合优化的业务流程、高效的技术和可访问的数据
- 投资于内外部的API方案

组织变革

- 将向客户提供服务和销售的团队合并为一个团队，同时关注服务实施和业绩表现
- 结合运营、IT和部分产品，打造新型的工程化的核心能力，提供面向全公司的服务
- 成立数据团队，与各单位合作，利用数据实现变现

资料来源：与公司高管的访谈；公司文件。

采取行动来应对不断变化的客户需求。银行业面临即将到来的数字化
颠覆，冈萨雷斯担心客户会减少对 BBVA 的需求，转向金融科技初创
公司和互联网巨头提供的更具创新性的金融服务。冈萨雷斯阐述了这
样一个愿景："我们正在打造 21 世纪最佳的数字化银行。"[34]

幸运的是，BBVA 在平台方面已经做了不少基础工作。自 2007 年
以来，该银行一直是一个科技先行的银行，大力投资于可复用的全球
化平台，在超过 30 个国家和地区为 7 100 万客户提供服务。银行投资
厘清了部分数字化业务流程，并开始用更高效、可扩展的全球化数字
化平台替换旧有的流程和系统。这些平台旨在将优化的业务流程、高
效的技术和可访问的数据相结合，而且成本比行业竞争对手更低。这
种平台思维是 BBVA 移动 app 得以推动的因素之一——该应用连续三
年被弗雷斯特市场咨询（Forrester Research）评为全球最佳移动银行
app。[35] 评估一个公司平台思维的有效性的一种方法是看成本收入比。
到 2020 年 12 月，BBVA 的成本收入比为 46.8%，低于行业平均水平
的 63.7%，而且还在不断下降。[36]

决策权和组织变革

2014 年至 2015 年期间，BBVA 宣布进行彻底的组织调整，进一
步实现冈萨雷斯对数字化银行的愿景。2014 年，卡洛斯·托雷斯·维
拉（Carlos Torres Vila）被任命为新的数字银行部门的负责人，担任
CEO 一职。为顺利实现数字化转型，银行进行了重组，设立了一个全
新的部门——"执行与绩效"（Execution and Performance），融合客
户服务与销售职能。而全新的工程化核心能力将运营、信息技术和部

分产品整合在了一起，在整个银行层面提供银行产品相关的服务。另外，作为这一转型的一部分，该银行也在外部寻找领导者，特别是在新的核心能力领域，其中有几位来自银行业之外。

BBVA 一直在引入新的组织架构，帮助创造价值并推动转型。例如，BBVA 于 2014 年成立子公司 BBVA Data & Analytics，以求变现其数据资产。该团队的任务是成为打造 BBVA 数据能力的核心部门，这是一个与业务领导者就数据项目进行合作的专家社区。截至 2017 年年底，Data & Analytics 已为 BBVA 三分之一的业务部门启动了超过 40 个数据科学项目，其中一些项目还孵化出了新的数字产品。BBVA 还成立了一个直接向 CEO 汇报的数据办公室，将数据视为核心能力。[37] 最近引入的 SDA 流程为所有创新项目的优先级确定、价值识别、协调和资源配置提供了统一的视角，并进一步明确了决策权限。

工作方式革新

BBVA 采取了全新的工作方法来完成任务。例如，它全面采用了敏捷的方法。数百个跨学科、专职的敏捷团队共同合作，在为期两周的迭代中开发新功能。每季度迭代一次计划，确保项目管理成体系、可追溯和透明化。整个银行彻底改革了公司文化，并接纳了新的文化价值观（如"边测试边学习"的心态以及通过问责制赋权）。这样做有两个目标：第一，吸引和留住最优秀、最需要的人才；第二，创建一个更具敏捷和创业精神的企业文化。

在 2021 年 6 月，BBVA 将其数字化转型为数据驱动的银行的旅程描述为四个步骤：①通过数字化方式为客户提供服务；②增加数字

化销售；③通过数字化方式扩大覆盖范围（增加更多的客户）；④提
供主动和个性化的建议。该银行正在进行第四步的工作。例如，它创
建了一个"全球旅程目录"（Global Journeys Catalog），其中包含大约
50 类的旅程，指导客户实现四个目标：控制日常收支、管理债务、建
立安全垫，以及进行财务规划。[38]

在整个转型的过程中，BBVA 学到了几个重要的经验，其中包括
领导者必须让整个组织的所有人都参与其中，覆盖分行网络中的每个
人。每个员工都必须在实施数字化转型中发挥作用。最重要的是，员
工需要感觉到自己是团队的一分子，相信他们的贡献是举足轻重的。

在我们的研讨会和演示中，经常会有人问我们应该首先处理哪一
种组织爆破。通过对案例细节和调查数据的分析，我们认为无论选择
哪条路径，应该首先关注决策权的爆破。我们听说，很多公司在转型
之初就进行组织调整，往往在真正理解他们需要解决的问题之前过早
地开始行动了。相反，我们发现首先明确谁来负责数字化转型中的关
键决策［例如投资优先级、新的客户体验或关键任务（如新客接待）
的执行方式］才是最重要的。

在第三至第六章，我们将依次讨论每条路径，并详细探讨其发展
过程。我们将深入探讨公司如何成功应对这些组织爆破，并以何种顺
序取得进展，成为面向未来的公司。

我们以一种谨慎但现实的态度来做总结。最近，我们与一家大型
金融服务公司的 CEO 和高级管理团队一起进行了关于数字化业务转型
的研讨会。我们要求每位与会者使用转型路径的框架，绘制他们公司
在过去三年的转型情况。在各位高管呈现了公司转型的多个不同版本

之后，我们邀请CEO分享他的版本。他画了一系列的演进路线，从孤岛与乱麻开始，向上、向右，然后向下，再回到起点，绘制出一条错综复杂的路径，曲折往复。当CEO完成后，他退后一步说："你知道，我们并不是有意按照这种方式来做的。但是根据我们行业的客观情况，这就是我们所走的路径。"

他在总结时表达了自己的观点，认为领导者需要采用共同的语言，选择一条道路，然后坚持下去（除非情况发生根本性变化），其他人都表示同意。我们认为这是非常好的建议。毕竟，业务转型是困难的。在每家公司中，所有利益相关者（包括董事会、员工、合作伙伴和客户）都需要知道公司的发展方向，以及如何实现目标，尤其是在遇到不可避免的挫折时这一点就尤其重要。

数字时代为领导者重塑公司提供了巨大机会。最成功的公司将能达到面向未来的状态，拥有双重能力，即通过不断创新改善客户体验的同时降低运营成本。而那些无法面向未来的公司可能会遭受灭顶之灾，初创企业、其他行业的参与者和敏捷的竞争对手，都将蚕食它们的业务。

练习：选择一条路径

聚集一个能代表整个公司的团队。我们通常与CEO和高管团队一起进行这个练习。使用评估工具（见图2-5），要求每位参与者独立判断公司正在哪一条或哪几路径上实施转型。共有七个选择。每个高

图2-5　路径评估

选择一项最符合你的公司进行数字化转型的方式（单选题）

我公司的转型：

○ **路径1：** 在提升能改善客户体验的能力之前，聚焦提升能改善运营效率的能力

○ **路径2：** 在提升能改善运营效率的能力之前，聚焦提升能改善客户体验的能力

○ **路径3：** 逐步推进，在改善运营效率与客户体验之间来回切换

○ **路径4：** 为了在数字经济中赢得竞争，成立一个全新的公司或团队

○ 在多条路径上实施转型，协调一致

○ 在多条路径上实施转型，协调缺失

○ 我们没有或者还没有开始转型

与当初团队向董事会或CEO汇报的计划相比，数字化转型的完成度有多少

估计完成度：
（0：我们还没有开始，100%：我们已经完成了）

%

资料来源："面向未来"的框架和路径来源于2015—2017年期间就数字化转型问题与全球高级管理人员进行的一系列访谈和对话。该框架、路径和成效的量化验证主要来自MIT CISR的两次调查（2017年和2019年）和进一步的访谈，以及在2018—2022年期间进行的40多次研讨会。

管可以选择路径 1 到 4，或者选择"多路并举，协调一致"或"多路并举，协调缺失"。此外，我们增加了"拒绝转型"这个选项。如果有人选择了这个选项，就可能会引发有趣的讨论。如果公司正在进行转型，请大家估计一下，与向董事会或 CEO 最初提出的计划相比，公司在数字化转型方面已经完成了多少（完成百分比）。一旦所有人都投票（使用在线投票工具会非常好）并分享了结果，将所有人分成一对一对的小组。每组中的一个人必须向另一个人解释自己的答案，所以，每个人都要练习一下如何表达自己的观点。接着，分享一下你认为公司已经取得了多大的进展以及你所面临的障碍。然后，大家再作为一个团队聚在一起，讨论这些差异以及公司是否应该改变路径。通常，不同的参与者的回应会有很大的差异，这反映了他们心中的不同假设。这些是需要重点讨论的问题，这也将帮助团队有更加统一的语言。祝大家玩得开心，并努力达成共识——这决定了公司的未来。

评估：组织爆破

一旦公司上下就面向未来的路径达成共识，就该着手处理组织爆破了。可以采取如下方式开始这件事，即对你的公司目前在应对每个爆破性事件方面的有效性进行投票调查（见图 2-6）。然后，在小组中展开讨论，确定下一步应该集中关注哪些爆破事件，并针对这些事件，提出一个希望 CEO 能够实施的大胆而重要的建议。

图2-6　组织爆破评估

你的公司处理以下事件的有效性?	完全无效 0	几乎无效 25%	有一定效果 50%	很有效 75%	极其有效 100%
改变决策权?	○	○	○	○	○
开发新的工作方式（比如，敏捷、边测试边学习）?	○	○	○	○	○
培养平台思维，实现技术的复用?	○	○	○	○	○
重构组织?	○	○	○	○	○

资料来源:"面向未来"的框架和路径来源于2015—2017年期间就数字化转型问题与全球高级管理人员进行的一系列访谈和对话。该框架、路径和成效的量化验证主要来自MIT CISR的两次调查（2017年和2019年）和进一步的访谈，以及在2018—2022年期间进行的40多次研讨会。

第二章行动要点

1. 选择一条或多条路径实施面向未来的转型，做出承诺并确保让最合适的人领导转型。关键在于让对的人参与决策，使用共同的语言，共同承诺推动转型。

2. 制订一个计划来应对不可避免的组织爆破，即那些必然发生的干扰。例如，确定必须改变的3~4个关键决策权就是一个很好的起点。

3. 现在是开始思考谁将领导转型以及价值衡量的好时机。此外，领导者必须确定需要停止哪些活动，以便为拟议的转型腾出时间、注意力和预算。

4. 在整个组织范围内制订沟通计划，分享即将到来的面向未来的旅程，以及公司领导者对每个人的期望，让大家一起携手实现成功的转型。你需要整个公司的支持！

第三章
路径 1：工业化先行

　　每条路径的旅程我们都会用一整章来讨论。现在，我们开始分析四条路径中的第一条，路径 1：工业化先行。这条路径从构建数字化的运营能力出发，然后利用这种能力快速创新并让客户感到满意。我们描述了路径 1 的两个不同阶段，并讨论了能使公司更快前进的领导实践和机制。我们从凯撒永久集团（Kaiser Permanente）和利乐公司的案例中学习如何在路径 1 上取得进展，以及如何应对组织爆破。最后，我们为领导者提供了一份待办事项清单。

为何采用路径 1 以及会发生什么

　　根据我们最新的调查，[1] 在所有行业中，大约有 25% 的公司采用了路径 1。这些公司通常拥有足够好的客户体验，并认为未来 5 年内受到数字化颠覆威胁的水平最低（但仍然很重要）——他们估计，如果不做出改变，那么他们将损失 26% 的收入。[2] 因为路径 1 分为两个阶段：曲棍球杆的手柄部分和弯钩部分。这两个阶段是构建平台能力（曲棍球杆的手柄部分），然后利用这些能力进行快速创新（弯钩部分）。构建能力需要时间，如果公司在客户体验方面相对落后，那么它们往往无法单独采用路径 1。

在选择路径 1 的公司中，存在有趣的行业差异。例如，在我们最新的调查中[3]有 35% 的制造业和重工业公司选择了这条路径（远高于平均水平），这些公司注重优化运营效率。对这些公司来说，这是一种舒适的数字化方式。相比之下，只有 16% 的教育、非营利组织和政府机构选择了路径 1，银行和保险公司的比例也相似。科技行业中选择路径 1 的公司比例最高，有 42% 的公司选择了这条路径，通常是首先 (重新) 构建一系列平台，然后利用这些平台创建全新的、更好的客户体验。

当公司有能力简化和降低为客户提供服务的成本时，它们通常会选择路径 1。尽管平台有技术上的定义，但我们对平台的思考可以简化为，你将你擅长的东西［你皇冠上的明珠／你（将）比其他人做得更好的东西］变成可靠、低成本、标准化且可复用的数字化服务。你的公司或合作伙伴可以将这些服务快速组合到为客户提供的新的或现有的数字产品中。平台是实现特定目的（如下单）的一系列功能的合集，包括数字化业务流程、相关技术、服务模块、合规性检查和数据。并非所有的业务流程都是数字化的，至少起初是这样的。有些业务流程需要人为干预，但最终的目标是实现全面自动化。并非所有的数字化流程都是属于一个单一平台的，平台集成了一组相关的流程和交易。在一些公司，平台是建立在软件系统上的，如 ERP 和 CRM。如今，公司可以在云端开发自己的平台，或者采用（付费使用）云端等其他公司提供的系统。员工（或其他系统）向数字化平台输入信息，应用输出结果，但员工本身不是平台的一部分。平台的目的是让流程不受人的干预，由机器更好地执行。平台将可靠、可预测、低成本的核心业务交易与公司"串"在一起，实现自助服务和定制服务。[4] 最近，人工智能（Artificial Intelligence，AI）帮助公司开发平台，进行更多的决策（或推荐）。例如，澳大利亚税务局（Australian Tax Office）搭建了一个 AI 解决方案，实时引导纳税人做好税务申报，这在 2018 年为用户节省了 1.13 亿美元。[5]

一个平台就囊括了公司战略的本质，并将其核心优势数字化为一套模块化和可复用的服务。在构建新平台时，公司必须首先确定自身的核心优势是什么。如果你是一家银行，其中一个核心优势应该是快速、简便且合法合规地引导客户。你应该尽可能地在产品、渠道和客户中复用这种引导的能力。这个过程通常涉及重新构建平台——从孤岛与乱麻的状态转向由平台组织的可复用的数字化服务，这是一个面向未来的公司的重要特征。

在最近的一项关于企业重新构建平台的研究项目中，我们与迈克尔·哈特（Michael Harte）合作，他曾是西班牙国际银行英国分行、巴克莱银行（Barclays）和澳大利亚联邦银行（Commonwealth Bank of Australia）的首席信息官和首席运营官；以及彼得·雷诺兹（Peter Reynolds），他曾是澳新银行企业服务和全球支付的首席信息官，目前是万事达卡（Mastercard）实时支付的执行副总裁。我们共同确定了一个面向未来的平台的模样（见图 3–1）。一个面向未来的平台在概念上有 7 个层次，客户位于顶部，其他各层依次为渠道、流程、体验、数据、产品集成和基础设施。合规性是被嵌入业务流程和产品当中的，而不是作为事后考虑的项目或附加的功能。API（或类似的技术）实现了即插即用的模块化。面向未来的平台打破了许多组织在过往构建平台时的错误观念。例如，过去许多平台的设计前提（今天不再适用）是不需要与外部共享客户数据或流程。一个公司所需的平台的规模、数量和能力取决于公司的情况。这些平台通常是分阶段搭建的。

　　路径 1 的第一阶段是构建平台能力，我们将其称为"数字化荒漠"，因为在这个阶段对于公司的其他部门来说，所有在数字化方面的工作和投资似乎并没有取得立竿见影的效果或可见的创新成果。简化当前的产品、合理化业务流程和重新构建平台需要时间，通常需要数年的时间。好消息是，新技术，如云计算、微服务、API、平台即服务和人工智能，缩短了在数字化荒漠中花费的时间。

　　尽管有了新的方法，负责路径 1 转型的领导者（通常是 CIO 或 COO）会要求业务部门停止（或至少减缓）提出新的需求，等待工业化早期阶段的完成，等待可复用的数字化流程准备好。当然，业务部门的领导者不想等待，如果他们有预算和决策权，他们可以创建本地解决方案。原本应该和大家明确沟通好，各个职能团结一致，才能在路径 1 实现令人兴奋、具有创新性的成果的，眼前的努力反而使得大家各自为战，紧张关系加剧。一方面，业务部门的领导者会做加法创造大量的本地解决方案，为客户提供新的服务；另一方面，实施转型的领导者则在努力做减法。解决这种紧张局势的一个好方法是将转型

图3-1　面向未来的平台的设计原则

通过整合生态系统满足客户的需求

通过内置的合规性检查降低渠道的复杂性

创建共享数据层供内部和合作伙伴使用

利用平台即服务（PaaS）的整合优势

开发即插即用的核心服务

将合规性嵌入产品/API中

在云端托管实现灵活性

资料来源：迈克尔·哈特（Michael Harte），MIT CISR 行业研究员。

预算的一部分，比如 20%，分配给业务部门的创新项目，用作服务客户的资金，前提是这些项目需作为路径 1 后续阶段的组成部分来开发。这种多路并举的方法需要良好的协调，它是一种既能完成路径 1 工业化的旅程，同时又能改善客户体验、保持竞争力的方式。

一旦在平台能力构建阶段（build phase）成功地创建了可复用的数字化服务，公司就会进入快速创新的开发阶段（exploitation phase）。平台不仅可以将业务流程数字化以实现复用，可以用其提供的信息确定未来可盈利的增长点。然后，这些公司就能以较小的投资进行创新，研发新产品。由于平台可复用，这些产品进入市场的速度也更快。开发阶段通常会采用全新的工作方式，如以敏捷团队进行短期快速的创新迭代，复用新服务，采用边测试边学习的方法，创建最小可行性产品（MVP），以及基于证据的决策。开发阶段不仅改善了当前产品的交付方式，还创建了新的令人兴奋的客户体验，为客户和公司创造价值。创新速度会加快，因为任何人都可以复用在第一阶段创建的数据和模块化组件。

路径 1 的公司会早在它们专注于建立平台能力的时候，就从运营中创造价值，然后通过转型过程中与客户和生态系统合作捕获价值。这是将转型预算的 20% 用于了解客户，并与数字合作伙伴合作开发创新产品的一个好理由。

平均而言，相对于竞争对手，路径 1 上的转型完成度超过 50% 的公司在增长和利润率方面具有最佳的财务表现，他们仅次于路径 4 上的公司。虽然路径 1、路径 2 和路径 3 之间的财务表现差异并不是很大，但在统计上具有显著性。

在路径 1 上实施转型：凯撒永久集团和利乐公司

在路径 1 上实施转型的第一阶段需要明确的目标，并且要始终专注于产品的合理化、简化、自动化、合规性，以及注意在创建平台的过程中提取数据。第二阶段需要重新思考创新，通过以新的方式复用数字化平台服务创造新的价值。这两个阶段都涉及组织变革。

现在让我们来看这两家公司，它们是如何采用路径 1 转型成为面向未来的公司的。在大型医疗系统凯撒永久集团的案例中，我们将描述它是如何在第一阶段建立了平台思维，并且以此为基础通过一个全新的组织集中从数字化中创造价值的。关于大型食品和饮料包装制造商利乐公司，我们将重点介绍它在路径 1 上是如何迈进的，以及它是如何应对四种组织爆破创造价值的。

凯撒永久集团：构建数字优先的医疗系统

凯撒永久集团是一家领先的非营利综合医疗机构，拥有 1 250 万会员和超过 20 万名员工，其中包括超过 85 000 名临床医生，2021 年的运营收入达到 931 亿美元。[6] 其理念是全面关注会员的健康，保持他们的健康状态。在构建平台能力的阶段，凯撒永久集团拥抱了医疗保健领域的颠覆性变化，通过开发"数字化赋能"（digitally enabled）的健康系统，采用直接面向消费者（direct-to-consumer）的业务模式，并采用功能强大、用户友好的技术来支持临床和业务流程。[7] 自

2004 年开始，凯撒永久集团在所有地区整合了电子病历系统，为其平台思维转型奠定了基础。

帕赖特·韦马纳（Prat Vemana），凯撒永久集团的首席数字官解释道：

> 我们决定将电子病历作为未来所有转型工作的基础。这不仅仅是简单的抓取和存储记录，更是医生和临床工作人员合作提供医疗服务的媒介。它使我们的组织成为一个更加强大的综合医疗体。这是重要的一步，我们也是市场上首批实施这类系统的医疗机构之一。[8]

随着时间的推移，领导层意识到越来越多的会员通过移动设备访问他们的记录，这促使凯撒永久集团于 2010 年建立了一个移动战略。移动战略逐渐演变成一个综合的消费者数字化战略，公司认为这对吸引和留住会员至关重要。首席信息与技术官黛安·科默（Diane Comer）解释道：

> 凯撒永久集团在医疗保健行业内拥有强大而独特的服务整合模式，其模式侧重于提供高质量、经济实惠的护理，而不是其他地方普遍采用的按费用结算的模式。其"护理与保障"（care and coverage）模式所涵盖的能力跨越患者和医疗提供者的各个方面，并充分体现在我们的技术中。向数字化优先的转型（同时支持需要或愿意采用线下访问的人）使我们的入院登记、预约和咨询、医疗记录、处方药到实验室工作等一切服务都能无缝衔接。我们

的会员和患者通过我们的数字化设施能够享用丰富且深入的技术支持。[9]

为了提高会员的参与度，消费者数字化战略的重点是识别健康问题和选择与医生互动的适当渠道（无论电子邮件、电话、视频还是亲自就诊），并在整个过程中提供个性化和基于具体情境的体验。作为该战略的一部分，凯撒永久集团仔细权衡了数字创新和客户对隐私的关注。

为了充分利用这个强大的平台，凯撒永久集团于2016年对IT组织进行了转型，采用DevOps来支持快速交付的数字化能力。

用帕赖特·韦马纳的话来说，在路径1转型的快速创新阶段，凯撒永久集团从"数字化赋能的医疗体系"转变成"数字化优先的医疗体系"。凯撒永久集团深入利用数字技术进行持续的监测和干预。例如，凯撒永久集团通过创新，解决了"虚拟心脏康复项目"（Virtual Cardiac Rehabilitation Program）的一个大问题。每年在美国约有73.5万例心脏病发作，[10] 传统心脏康复计划的完成率仅约50%，[11] 这使许多患者出现复发现象。2018年，该医疗服务提供商与三星公司合作开发了一项在家康复的项目，使用数字技术（三星的可穿戴设备、定制的HeartWiseapp和凯撒永久集团的实时临床仪表盘）来指导心脏病发作后的康复。创新团队由首席创新和转型官船桥忠志（Tadashi Funahashi）博士和哥伦布·巴蒂斯特（Columbus Batiste）博士（当时是心脏病学部门主任，自2018年起担任家庭心脏康复计划的医学总监）领导，首先解决了决策权问题，从南加州地区获得了临床、医疗和技术领导层的支持，并扩展到所有地区。然后，他们采用试错方法与合作伙伴三星[12]共同开发该计划。他们组建了一个小型、多学科的核心团队，由运营、医疗服务、技术和行政人员组成。该团队与三星合作团队在技术设计、用户研究、工程和服务开发方面进行合作，采用以人为本的设计方法来了解患者和照护者的需求。团队开发了一个原型产品，在6个月内与37名患者进行了全面的app试点测试，包括锻炼、用药、依从性、教育和行为调整等方面，然后提供培训和支持，进行部署。在整个过程中，团队通过多种方式衡量价值，包括患者与医生之间的关系评价（患者的反馈、依从性和病历审查等方面）。

在路径1转型的第一阶段，凯撒永久集团专注于构建平台能力，并从运营和客户中创造价值。根据凯撒永久集团的研究，参与在线服务的会员更健康且满意度更高。最重要的是，如果会员在线参与，那么他们留在凯撒永久集团的可能性是不参与在线服务的会员的两倍。[13]

在快速创新阶段，凯撒永久集团通过与创新的数字化合作伙伴建立生态系统，创造了更多的价值。例如，虚拟心脏康复项目使客户参与度显著提升。超过80%的患者完成了该康复计划，而传统诊所只有50%的患者完成了康复计划。同时，运营成本也下降了，因为再入院率低于2%，而传统诊所的再入院率为10%~15%。[14]"我们正在对现有服务进行数字化增强，这不仅改善了患者的生活，还提高了医疗系统的效率。"帕赖特·韦马纳解释道。[15]凯撒永久集团的长期目标是成为会员健康管理的一站式提供商，让会员能够围绕自己的实际情况全面管理自己的健康状况和生活方式。

2019年，凯撒永久集团聘请了首位首席数字官，这标志着转型的第二阶段启动了。他首先采取的一项举措是创建了一个全新的组织 KP Digital，将之前相互独立的数字体验中心（数字业务方面）和 IT 组合在一起（数字技术方面）。新的价值管理和数据分析团队的任务是开发一个仪表盘，显示价值创造的情况，加速新想法的迭代。该团队将价值分为会员、利用率、可购性和质量四个方面，并创建了四个层次的指标，以及每个季度由执行团队和董事会审查的 CEO 仪表盘。此外，他们为提供数字化服务的体验团队创建了一个仪表盘，团队每周审查一次。这些指标显示了会员是如何使用新的服务的，比如在线邮寄处方等。由于凯撒永久集团正处于第二阶段，价值仪表盘中的大多数指标突显了从客户方创造的价值（例如，会员数量）和给客户创造的价值。后者的指标深入关注了对客户的理解和在护理过程中的客户体验，包括购买保险、注册健康计划、管理健康状况（如在线补充处方或订阅通知）等。其中一个名为"下一级维度指标"的类别是展示有未满足需求的会员的内容，包括医疗或社会需求（如食品和住房安全、托育、识字等），这些需求可以通过与其他生态系统合作伙伴（如社区组织）合作解决。价值仪表盘能让团队基于证据做出决策，正在成为在路径 1 快速创新阶段衡量进展的重要工具。

利乐公司：发展工业 4.0，面向客户，力出一孔

利乐公司隶属于私人持股的利乐集团，是全球无菌食品和饮料纸盒包装的市场领导者，2020 年净销售额达 110 亿欧元。包装是其最大的收入来源，该公司每年生产超过 1 830 亿个包装盒，同时还提供食

品加工和相关服务。利乐公司在转型方面取得了显著的进展，主要是按照路径 1 进行的，即通过卓越的运营实现了更好的客户体验，并优雅地应对了第二章中描述的四种组织爆破。[16]与凯撒永久集团类似的，我们用利乐公司展示了路径 1 公司管理组织爆破的顺序：①改变决策权；②树立平台思维；③组织变革；④工作方式革新。这也是依据重要程度的典型次序。

21 世纪初，利乐公司意识到在全球范围内提升运营效率的重要性。原本的运营模式是 160 多家公司一起销售同样的基础产品。但后来，利乐公司的管理层转变思路，开始专注于创建一个统一的运营模型。他们通过自动化流程，并采用了一个标准化的 ERP 解决方案来推动这一模型。通过这样做，利乐公司转变成了一个全球性企业，在超过 160 个国家和地区销售产品。2015 年，其战略和 IT 部门意识到数字技术的潜在影响，这些技术已经变得越来越容易获取，如社交媒体、移动技术、数据分析、云计算和物联网（Internet of Things, IoT）。

杨德森（Dennis Jönsson），利乐公司前 CEO，解释道：

> 我们的起点很高。我们在数字领域已经展开了一系列业界领先的活动；我们已经建立了一个单一共享的平台，用于运营全球业务；我们在许多领域都拥有精简且现代化的 IT 运营，这为公司将信息用作战略资产奠定了坚实的基础。

在数字化转型工作中，利乐公司在构建平台阶段着重于工业 4.0，创建全面集成的协作系统，更高效实时地响应厂房中不断变化的客户需求和外部条件。利乐公司要开发一个管理服务，实现端到端操作控制，这就要求公司将其平台思维提升到一个新的高度。为了应对相关的组织爆破，利乐公司与领先的科技公司合作，将公司优势（厂房运营）服务化，指导公司高效利用数据，使其成为战略资产。该平台主要关注以下三个领域：①将设备之间连接起来，为公司的整个生态系统提供有用的数据；②通过先进的分析技术对这些数据进行预测性维护；③通过移动设备和增强现实技术向全球员工提供集体经验和专业知识。这些技术供应商不仅仅是供应商，他们了解利乐包装的业务，相互学习。对于确保公司能够在全球范围内实验和执行其数字化战略，这些战略合作伙伴关系至关重要。这一系列动作有助于从运营中集中获取价值。

遗憾的是，该平台没有解决客户体验的问题。客户仍然不得不与来自加工、包装或服务部门的不同代表打交道。"我们可以说我们是同一家公司的，但如果我们不改变与客户对接的方式，这将永远停留在口头层面。"首席信息官马克·迈耶（Mark Meyer）解释道。

为了进一步优化平台，使其客户体验在竞争激烈的市场中脱颖而出，利乐公司稳步将转型重点从运营效率转向客户体验，进入了快速创新的阶段。这种转变需要额外实施两种组织爆破：决策权的彻底改变会触发公司实施组织变革。利乐公司没有创建一个集中的客户体验部门，而是将决策权重新与前端单位对齐，借此改善在所有接触点上的客户体验。跨职能的客户团队在当地负责全面服务客户，借助对个体客户需求的深刻理解，整合各个客户触点。这需要对绩效指标和激励机制进行调整，将工作重心从后端效率和成本节约（这些由运营部门集中负责）转向销售额和净推荐值得分。尽管这种方法有助于解决一些客户多头对接的问题，但它并没有解决底层的业务复杂性和组织优化问题。包装、加工和服务各自为战，客户经理对后端运营的控制有限，而控制权是进一步改进客户体验所必需的。因此，公司在"一个公司，三个业务"主题下进行了一次重大重组——主要关注作为一个公司整体，如何实现成功以及如何与客户打交道。这一系列活动聚焦于从客户中获取价值。

经历组织爆破的同时，利乐公司正稳步朝着新的工作方式迈进，通过大规模的培训提高团队对转型关键要素的认识和理解，包括工业4.0 的组成部分、客户旅程图和敏捷方法论。

对于一个长期专注于效率和统一运营的公司来说，敏捷方法论尤其具有挑战性，因为员工们不太愿意采用试错的方法："最大的挑战（之一）是员工思想变革的管理。对于技术，我一点也不担心。技术会很好地运作。问题在于改变人们的工作方式。这将非常困难。"IT总监戈伦·利登（Goren Liden）说道。

如今，利乐包装专注于路径 1 的快速创新阶段。公司正在开展许多激动人心的项目，从生态系统中创造价值。例如，在 2019 年，利乐包装与包括微软、阿西布朗勃法瑞公司（ABB）、思爱普（SAP）和自动化物流解决方案提供商 Elettric80 在内的合作伙伴，一起着手进行名为"未来工厂"（Factory of the Future）的食品生产数字化项目。[17] 此外，利乐包装在 2019 年还推出了其联网包装平台，为生产商提供端到端的溯源功能，为零售商提供更透明的供应链，并向顾客提供更多的信息（包括产品的生产地、原料的来源和容器的回收方法）。[18] 2020 年，利乐包装开发了一种新的协作创新模式来解决一些重大挑战。例如，利乐包装与研究人员、初创公司、供应商（如纸板制造商）和客户（食品和饮料品牌）合作，共同开发对环境影响较小的包装解决方案。其目标是设计一个完整的生产工厂，以便轻松模拟、评估和选择特定客户需求的最佳解决方案。[19] 开发和工程执行副总裁劳伦斯·莫特（Laurence Mott）解释道：

> 旧有的线性供应链观念已经过时。我们需要在一个生态系统中工作，与我们的开发合作伙伴密切合作，而这些合作伙伴也是我们的供应商。我们还需要与我们的客户密切合作。同时处理所有这些事情的挑战是非常大的。

就像许多希望在数字时代增长的公司一样，利乐公司认识到自己无法独自完成所有的事情，伙伴关系将帮助所有参与方更快地发展壮大。[20] 重点是从生态系统中获取价值，同时获取来自客户和运营的价值。图 3-2 总结了利乐公司是如何处理这个过程中的四种组织爆破的。我们建议你在管理公司组织爆破时也创建类似的图表，然后评估你如何有效地应对这些爆破！

图3-2　利乐公司是如何应对组织爆破的

◆ 决策权

- 将降本增效的投入从特定国家/地区董事总经理的职能提升为公司层面的共享服务
- 重新调整特定国家/地区董事总经理的职责，将客户体验的所有权分配给他们，重点关注销售额和净推荐值等指标
- 重组绩效指标和激励措施，重点关注销售和客户旅程（而不是效率）

◆ 工作方式革新

- 创建有关数字化和工业4.0的培训计划，提高组织对颠覆性技术潜力的认识和理解
- 在产品开发和IT领域引入敏捷方法论（如适用）

◆ 平台思维

- 开发了提供端到端厂房管理的一站式服务
- 与先进的技术提供商合作，打通员工管理、高级分析和互联网技术，提供最佳的工业4.0解决方案

◆ 组织变革

- 将现有的中心化投入提升到一个新的水平——"一公司三业务"

资料来源：与公司高管的访谈；公司文件。

领导者该集中精力做什么

要想成功地沿着路径 1 朝着面向未来迈进，最重要的领导责任是不断地向员工清楚地描述公司所处的位置。员工需要理解，在路径 1 中有两个不同的阶段：建立平台，然后进行快速创新。每个阶段对于价值创造和组织爆破有着不同的重点（见图 3–3）。

搭建平台

在搭建平台的阶段，公司需要识别自己的核心优势，然后构建数字化平台，将其转化为可复用的数字化服务。构建这些平台需要时间，通常超过一年，领导者需要帮助每个人理解为什么这段时间很重要，以及在什么时候可以期待什么结果。在第一阶段，最大的价值和关注点在运营上，但公司也会从客户和生态系统中创造一些价值（在快速创新阶段这些价值会增加）。衡量这些价值，分享成功案例，解释这些平台会如何为未来的成功奠定基础，这些是路径 1 上领导者要扮演的关键角色。

确立平台思维对这一阶段的成功至关重要。对一些公司来说，平台思维非常自然——制造业公司通常将数字化平台思维视为对车间和供应链工作的自然延伸。但对其他公司（如许多银行、保险公司、专业服务和教育机构）而言，从创建本地解决方案到创建可复用的平台文化的转型是一种巨大的变革。首先必须改变决策权，特别是对于习惯于创建本地解决方案的公司来说，这一点尤其重要。

图3-3 路径1：领导者该集中精力做什么

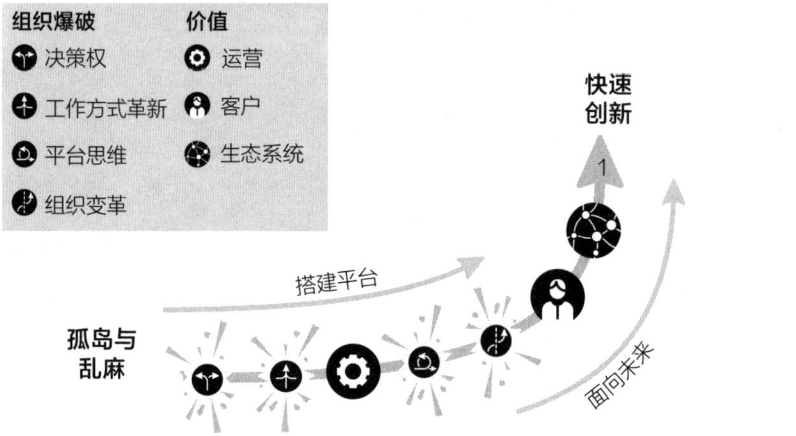

组织爆破
- 🕊 决策权
- ✈ 工作方式革新
- 🔔 平台思维
- 🎋 组织变革

价值
- ⚙ 运营
- 🤵 客户
- 🌐 生态系统

快速
创新

搭建平台

孤岛与
乱麻

面向未来

资料来源：以上行动顺序来自我们的定性研究。我们使用分层回归和 MIT CISR 2019
年高层管理团队和转型调查（$N=1311$）的数据来检验我们的假设，即决
策权是要首先处理的组织爆破。

为了在路径1的数字化荒漠阶段有效地带领团队，领导层必须将决策权从产品和客户体验人员那里，转移到运营领导者和平台构建者身上。例如，对于正在建设中的平台，很多人都会要求添加新功能，更好地为客户提供服务。那么，谁有权决定是否添加这些新功能以及何时添加呢？在成功管理数字化荒漠的公司中，通常是由运营和客户体验领导者共同决策，但可能稍微偏向于运营，以便他们可以负责构建和交付平台。这是一个不太容易处理的政治挑战，它需要透明度和良好的度量标准。在思考如何在你的公司中实施这一点时，建议你参考利乐公司是如何处理这些爆破的（见图3-2）。

快速创新

越早进入快速创新阶段越好，这样可以缩短在数字化荒漠中的时间！路径1的领导经验中有一个教训，在构建平台时，要使数字化服务分阶段尽快上线，以便可以尽早用于创新，不要等待平台完全搭建好再应用。例如，如果你为一家银行构建抵押贷款平台，而这时所需的两个服务是"客户引导"和"客户身份验证"，那么这些服务可以在完整的抵押贷款产品完成之前就推出使用。

在快速创新阶段，价值会继续从运营中积累，但来自客户和生态系统的价值增长更快，因此需要领导者更多地关注这两方面。在这个阶段，设计衡量客户和生态系统价值的指标是很重要的。这种思维转变通常需要关注最后两个爆破——工作方式革新和组织变革。

工作方式革新，如边测试边学习和基于数据的决策，有助于加快创新速度。就像亚马逊和其他平台公司一样，你现在可以通过A/B测试快速比较多种不同的策略，并从客户那里获得反馈。

这些新的工作方式和其他变革通常会引发调整组织结构的需求。这种调整通常涉及将面向客户的技能与运营数据和数字技术结合，促进快速创新。我们没有发现有什么万能药能快速实现这一点，这通常需要创建更多的跨职能能力，如共享服务或可复用的模块，供面向客户的垂直部门快速创新使用。

在第七章中，我们将介绍一个仪表盘，帮助你通过两个视角（比如创造了什么价值和如何创造价值）创建、衡量和获取来自运营、客户和生态系统的价值。当你在路径1上领导转型时，我们建议你提前确定每种价值类型的关键指标以及你计划构建的能力，推动这些价值的实现。

第三章行动要点

前三个动作适用于所有类型的转型：

1. 今天（以及每一天）向员工传达信息，明确指出公司正在专注于通过路径1的转型迎接未来的挑战。描绘公司未来的工作场景，并详细阐述实现目标的步骤，帮助员工理解他们在其中所扮演的角色。

2. 收集初期成功的例子，无论在内部还是在外部，做广泛的分享。这些早期成功的指标有助于保持团队动力，推动团队的履约和进步，并降低怀疑者的不利影响。

3. 制订一个应对组织爆破的计划。

4. 作为公司在执行路径1的一部分，描述路径1的两个阶段——搭建平台和利用这些平台进行快速创新，每个阶段都有不同的重点、行动和价值来源。在搭建平台阶段，公司要确定其核心优势，建立数字化平台，将这些优势转化为可复用的数字化服务。在快速创新阶段，公司要采用新的工作方式，专注于复用平台的能力。详细说明每个阶段在你的公司将会发生什么。

5. 尽早开始快速创新阶段，最好在构建平台阶段结束之前就开始。这将减少公司在数字化荒漠中逗留的时间，加速价值创造。

6. 识别并跟踪衡量运营价值的指标。

7. 通过研究凯撒永久集团和利乐公司的案例，找出适用于贵公司文化的做法，并进行个性化的调整。

第四章
路径 2：客户第一

路径 2 的重点是取悦客户。公司的跨学科团队使用数字技术进行创新，以此吸引客户、让客户满意。对大多数公司而言，这一策略非常有效，几乎每个人都会更加满意。客户喜欢新的服务，对其体验给予更高的评分。不少公司的净推荐值能提升 20 个百分点甚至更多，随后营收也会增长。已经进入"全面体验"象限的公司相比于处于"孤岛与乱麻"象限的公司，其营收增长率较同行业平均值高出 9.6 个百分点，这是一个巨大的优势。[1]

在路径 2 中，跨学科团队通过创造新的服务取悦客户，并持续创新。但这些创新并未解决产品和系统潜在的复杂性，反而会使情况变得更加糟糕，增加为客户提供服务的成本。此外，路径 2 在开始时，公司各部门都会觉得困难重重。例如，客服人员就会面临挑战，因为他们要整合客户在多个产品和服务在不同渠道和系统上的体验，而通常负责产品和服务创新的跨学科团队不会处理这个问题。因此，客服人员需要在各个系统之间进行跳转，记录数据和代码，弥合隔阂，为客户提供更好的体验。对于整合和维护这些新服务（或至少使其兼容）的 IT 团队来说，这个工作也不容易。对财务部门来说，他们的工作也具有挑战性，因为他们需要衡量服务的成本，但这也不是常规工作。

在某个阶段，高管将转变转型任务的重点，转向提高运营效率，向我们框架的右侧进军。这部分的旅程通常比路径 1 上的数字化荒漠要容易，因为公司已经在客户满意度方面取得了成功。

为何采用路径 2 以及会发生什么

在我们最近的调查中，约有 18% 的公司主要采用路径 2 进行转型。[2] 这些公司通常希望或有必要大幅提升客户体验，但没有时间通过路径 1 构建新的数字化服务能力。这种需求通常是因为它们认为在未来 5 年内，公司较大比例的收入将面临来自数字化的威胁。采用路径 2 的公司估计，如果不做出改变，它们的收入在 5 年内将损失 39%，而采用路径 1 的公司其损失则只有 26%。相对较差的当前客户体验或较高的危机感是选择这条路径的主要动因。平均而言，路径 2 上完成度超过 50% 的公司在增长率和利润方面的财务表现都非常出色，它们几乎与路径 1 和路径 4 的公司持平，优于路径 3 上的公司。

路径 2 有两个阶段：首先是取悦客户的阶段，然后是整合和重新构建平台的阶段。第一阶段是对公司在市场竞争中的战略回应。例如，如果你是一家服装零售公司，在新冠疫情期间转向在线销售，那么你很可能需要改进全渠道的客户体验，这时路径 2 是非常合理的选择。你可能会在没有或非常少实体店的新市场开设在线店铺，就像我们看到许多品牌所做的那样：通过先取悦客户，然后进行整合、简化，并创建可复用的组件（通常是在新平台上），面向未来迈进。

在选择路径 2 的公司中，行业间也有一些有趣的差异。例如，29% 的消费品公司、25% 的银行和 22% 的保险公司选择了路径 2，远高于平均水平（即 18%）。相比之下，只有 9% 的重工业公司、6% 的服务行业、11% 的制造业和 4% 的医疗保健组织选择了路径 2。

路径 2 的第一阶段通过在公司内部增强客户的声音和为他们提供更好的产品取悦客户。取悦客户通常需要改变公司的思维方式，从"由内而外"转变为"由外而内"。为了实现由外而内的视角，许多公司关注客户旅程，借此更好地了解何时与客户接触、与客户交互的过程中存在哪些问题，以及如何使他们满意。他们发现客户旅程通常跨越多个渠道、涉及多种产品，这要求组织内部需要更深度的整合。一个快速实用的方法是创建跨学科团队直接与客户接触。

采用路径 2 的一个挑战是，许多负责与客户接触的业务部门都感到自己有权为了创造更好的局部体验而进行局部创新。创造性地为客户提供新的价值是令人陶醉的。这个过程会让人上瘾，因为对大多数公司来说，专注于优化客户体验的效果很好，因为净推荐值会不断提高，收入不断增加。公司会积累和跟踪来自客户的价值。刚开始的时候，许多公司还会通过其渠道推广合作伙伴的特定数字产品，从生态系统获取一些价值。人们的本能就是会继续做已经取得成效的事情，然后在局部领域投资创新。如果创新成功了，则会进一步提高客户体验和收入。

然而，如果公司不将数字化项目的重点转向从运营中创造价值，创新过程的回报也会边际递减，即第四轮创新的回报不会像第一轮那么好。这是因为在已经复杂的流程和技术架构上增加了更多层的系统，尤其还有局部单独的系统，这会增加成本、拖慢响应时间。更糟糕的是，路径 2 是四条路径中员工体验最差的，因为你增加了员工的认知负担，他们需要在不同系统之间跳转以满足客户的需求。[3] 而且，客服人员需要学习并整合大量新的服务，与他们已经了解的服务相结合。路径 2 中的客服挫败感最强和倦怠率最高。

在这个阶段，尽管收入有所增加，财务团队经常会看到利润率的下降。大多数公司并没有准确地测量为客户提供服务的成本，但如果他们继续这样做，会发现随着公司在路径 2 上前进，成本会增加。这条路径对于需要大幅提高客户体验的公司来说是一个很好的选择。然而，与此同时，它们应该开始测算为客户提供服务的成本，以便知道何时改变方向，开始专注于整合系统和重建平台（replatforming）。如果公司不理解为客户提供服务的成本，往往就不会有动力减缓本地单独做创新的速度，不会转向从运营中创造价值。

路径 2 的整合系统与重建平台阶段与路径 1 的数字化荒漠阶段相似，但目标更明确，并且由于数字化的成功已经显现，管理预期也更容易。整合系统与重建平台阶段可以针对公司真正需要的数字化服务。取悦客户阶段实际上是一系列实验，确定需要哪些服务，然后可以在整合系统与重建平台阶段大规模创建服务。路径 2 取悦客户阶段的弊端在于，局部性解决方案增加的复杂性也必须在整合系统与重建平台阶段解决，并与现存的复杂系统相融合。

在路径 2 上实施转型：车美仕和西麦斯

现在，让我们来看看两家走上路径 2 数字化转型的公司。我们用车美仕（CarMax）阐述一个已经在实体经济中取得成功的公司，如何建立新的工作模式，成功地创造了一个全渠道业务。西麦斯在实体经济中运营，但其数字化转型的重点是通过数字化提供优越的客户体验。

车美仕：打造全渠道的无缝体验

20 世纪 90 年代刚开始运营时，车美仕意识到汽车购买和销售的体验都是碎片化且困难的。从一开始，车美仕的目标就是以诚待客、透明经营，不断改善客户体验。[4] 该公司描述了其宗旨："在车美仕，我们对创新和标志性的客户体验的承诺使我们成为美国最大的二手车零售商。作为汽车行业的颠覆者，我们的'不讲价'（no-haggle）将购车和卖车从一场充满压力和令人畏惧的事件，转变为每个人都能享受的真实、直接的体验。"[5] 近年来，车美仕进行了一场全渠道业务转型，是路径 2 的典型案例。该转型的愿景是，无论何时何地，都能与客户建立联系。[6] 2020 年 8 月，车美仕在第二阶段（整合系统与重

建平台）取得了重大进展，推出了它们的全渠道平台。公司业务增长
势头迅猛，车美仕在 41 个州开设了 230 多家门店，成为美国最大的
二手汽车卖家和买家，截至 2022 财年，收入超过 319 亿美元。车美
仕一直都享有良好的声誉，被认为是一个优秀的雇主，并应用技术使
员工更容易提供出色的客户体验。[7]例如，车美仕推出了二维码车窗
贴纸，可以快速识别每辆车的状态（和详细信息），将实体世界与数
字世界连接了起来，这使员工的工作变得更加轻松。在 2021 年，车
美仕推出了另一个创新——在线"即时报价评估工具"（Instant Offer
Appraisal tool），使出售汽车的客户可以在不到两分钟的时间内收到
来自车美仕的报价。就像实体店评估一样，这些报价是免费的，有效
期为 7 天，并且与购买新车的行为无关。车美仕的执行副总裁兼首席
信息技术官沙米姆·穆罕默德（Shamim Mohammad）解释说："即时
报价获得了巨大的成功。背后的技术使软件非常容易使用，反馈速度
也非常惊人。自从我们在 2021 年年初推出这个产品以来，我们已经
购买了超过 70.7 万辆汽车，占到了我们在那段时间内车辆购买总量的
一半以上。"[8]

　　车美仕的全渠道业务转型的成功涉及许多方面，但我们将重点突
出两个关键因素。首先，第一阶段，公司建立了新的工作方式，创建
了跨职能团队，并采用了迭代的方法；其次，第二阶段，公司拥抱了
平台思维，通过建立仪表盘测量所有人看得见的客户、生态系统和
运营价值的进展情况。关于完整的故事，请查看我们 MIT CISR 的同
事珍妮·罗斯（Jeanne Ross）、辛西娅·比斯（Cynthia Beath）和瑞
安·纳尔逊（Ryan Nelson）的案例研究。[9]

与跨职能团队共事的新方法

为了全面重塑客户体验，成为真正的全渠道企业，车美仕在客户旅程的五个领域建立了面向客户的产品团队：车辆采购、运输、商品化、销售和借贷。每个跨学科团队独立工作，目标是利用数字化平台和数据来打造出色的客户体验。首席营销官吉姆·莱斯基（Jim Lyski）解释了团队的组织方式：

> 我们从一个可数字化的客户体验单元开始。例如，我们可以将产品交易数字化视为一个最小单元。我们会思考如何将消费者融入线上的车辆体验。随着转型的深入，如果这个任务过于庞大，我们会将其拆分成两个团队，各自承担不同的任务。[10]

团队使用目标与关键成果法（Objectives and Key Results，OKR）设定他们的目标，进行为期两周的冲刺，并在被称为"公开会议"的双周会议中报告进展。这些公开会议不仅是团队分享他们的工作成果、获得其他人的意见的论坛，还被用于协调各团队共同实现车美仕的整体目标。

每个团队都会专注于寻找新的机会和新的工作方式。一旦发现了好的新想法，重点就转向扩展规模，让创新变现。沙米姆·穆罕默德回顾了他们跨学科团队的力量。"赋予团队权力，告诉他们目标，告诉他们想要实现什么。然后退后一步，让他们找出实现方案，并进行各种试验。他们会一次又一次地超出你的期望。"[11]

用仪表盘辅助实现平台思维

车美仕创建了仪表盘，与团队实时连接，并使绩效透明化。当团队在两周的冲刺中努力实现他们的 OKR 时，他们可以将自己的努力与客户价值的整体情况相连接。车美仕首席数据官兼业务战略和分析主管高塔姆·普拉尼克（Gautam Puranick）对此解释说：

> 我们有一个监测每日数据的仪表盘，显示了网站访问次数，昨天有多少人访问了我们的网站和 app，有多少人迈出了下一步，即表达出"嘿，我对购车感兴趣"，这就是被我们称为"潜在客户"的指标。因此，每天，所有这些团队都会各司其职。这就是微观和宏观相结合的方式。[12]

全渠道转型使公司在零售、批发和汽车金融方面实现了增长。车美仕正在扩展到更广泛的二手车生态系统。为了跟踪全渠道表现，车美仕引入了新的关键绩效指标，以季度和年度为周期追踪（包括来自运营的）创造价值的进度[13]：

- 在线交易的数量占比；
- 在线交易的收入占比；
- 在线估价后，车美仕购买车辆的数量和价格（基于车美仕即时估价的购买）；
- 成本：销售、一般及行政费用（SG&A）占毛利的百分比。

路径 2 的重点在于通过新的方式取悦客户。新的数字工具（特别是平台、数据和分析）结合新的工作方式（比如跨学科团队进行短期的迭代冲刺）创造了令人兴奋的可能性。举个例子，我们可以看看建筑行业——这是一个复杂、破碎化、周期性的行业，其客户体验一直被人诟病。正是在这类行业中，我们看到不少公司采用了路径 2，并在客户体验方面取得了最大的改进。

西麦斯：通过 CEMEX Go 创造极致客户体验

西麦斯是一家总部位于墨西哥蒙特雷的建筑材料公司。西麦斯专注于四个核心业务领域——水泥、预拌混凝土、骨料和城市化解决方案，在超过 50 个国家和地区开展业务。[14] 西麦斯处在高度分散的建筑行业，该行业一直依赖人际关系、文书工作和传统的业务方式，这导致客户体验不稳定且效率低下。

像许多分散行业一样，建筑行业正处于转型的良机。西麦斯的首席执行官费尔南多·A. 冈萨雷斯（Fernando A. González）说："我们行业的未来将受到客户体验的驱动，而不仅仅是产品和服务的质量。我们的客户越来越期望在与企业合作时能够得到与在消费领域相同的体验。"[15]

在 21 世纪初，西麦斯投入了大量的时间改善其运营，通过流程标准化（被称为 CEMEX Way）获得全球化效率的提升，并建立了在质量、安全和材料创新方面的强大声誉。专注于通过数字技术提供卓越的客户体验是实现公司目标的新方向，即提供弹性的基础设施和节能建筑解决方案。自 2014 年开始，高管团队启动了一项新的数字化转型，他们将其设计为两个阶段。

第一阶段：聚焦客户体验

在第一阶段，西麦斯的重点是开发提升客户体验的能力，包括通过创建数字渠道并将其扩展为全渠道的服务。冈萨雷斯希望客户能够在一个数字化平台上完成整个购买过程。他还希望无论客户是在数字化平台上下订单，还是在其他渠道上进行，体验都是无缝的。

数字化平台 CEMEX Go 是一项突破性举措，于 2017 年 11 月推出，2019 年年初部署完成。CEMEX Go 在线商店提供了全数字化的客户体验旅程，包括西麦斯介绍、客户注册、下单、发送产品和发票、提供帮助。例如，对于施工现场经理这个重要的角色而言，他的工作非常具有挑战性。经理们每天需要做出许多决策，但往往缺乏足够的信息，不知道订购的物品何时会送达或会出现什么延迟。为了履行对卓越的客户体验的承诺，西麦斯专注将施工现场经理所需的一切内容都集中在一个地方——他们的移动设备上。

为了实现新的数字化和全渠道客户体验，第一阶段的一个重要工作就是，将 CEMEX Go 与新的订单履行系统和新的客户关系管理系统整合，取代后端传统的手动流程。这种整合实现了数字化订单确认，即当在线订单确认时，系统自动匹配库存、运输和其他客户旅程。

到 2020 年，第一阶段数字化转型取得了出色的成果，净推荐值得分达到 67 分，较 2019 年的 50 分和 2018 年的 44 分有所提高。[16] 西麦斯全球销售额的 52% 通过 CEMEX Go 平台处理，并且约 90% 的回头客使用了该服务。[17] 在新冠疫情期间，CEMEX Go 使客户能够在减少与人接触的环境下仍旧无缝地工作。西麦斯还向建筑行业的其他公司授权 CEMEX Go 平台，从生态系统中创造价值。[18]

第二阶段：聚焦服务成本

在第二阶段，西麦斯将专注于提高运营效率和降低服务成本的同时，继续改善客户体验。

到 2022 年，西麦斯已经实现了水泥（一种产品类型）履约流程的自动化。但对于预拌混凝土（另一种产品类型）的自动化处理更为复杂。西麦斯开发了人工智能（AI）和机器学习（Machine Learning，ML）能力来解决这个问题。他们在公司内部的预拌管理系统（Ready-mix Management System，RMS）中增加了一个新的功能，即预测潜在取消订单的可能性。接下来的步骤是推出一个基于时间段的动态定价系统。这些新功能被纳入了西麦斯的预拌混凝土产品的自动化流程。

除了继续关注来自客户和运营的价值，西麦斯也注重通过数字化举措从生态系统中创造新的价值，持续改善客户体验。用路易斯·赫尔南德斯（Luis Hernandez）的话说，以下是公司在围绕生态系统的数字化创新工作中最有前景的举措，例如：

- 西麦斯成立了一家名为 Arkik 的公司，将 RMS 以软件即服务（SaaS）的形式实现商业化，面向预拌混凝土的独立客户。这些客户可以通过使用该服务改进自己的运营，并与 CEMEX Go 的订单履约服务连接。公司旨在创建一个平台来管理和协调西麦斯的产品，帮助这些客户共享资源并优化资源使用。

- 西麦斯的建材分销网络 Construrama 是墨西哥和拉丁美洲国家中最大的建材零售店。2018 年，西麦斯推出了 Construrama 在线商店，继续推进建筑行业的改革。西麦斯墨西哥区销售副总裁塞尔吉奥·梅南德斯（Sergio Menéndez）表示："我们的客户现在可以轻松访问更全面的产品目录，并能够选择、购买和跟踪他们的在线订单，显著提升我们 Construrama 的零售店、建筑商和终端客户的效率。"[19]

- CEMEX Go 开发者中心（CEMEX Go Developer Center）于 2019 年 4 月推出，通过 API 连接西麦斯的业务流程和客户（如客户信息、CEMEX Go 订单、单据管理、财务文件、建筑行业解决方案和西麦斯工厂）。[20] 例如，客户可以将其企业资源规划系统与 CEMEX Go 集成，订购建筑材料。在 2019 年的新闻发布会上，冈萨雷斯解释说："CEMEX Go 开发者中心是我们数字化平台发展的下一步。在我们业务涉及的所有国家，我们目前拥有客户超过 30 000 名。数字生态系统正在改变企业应对竞争的能力，CEMEX Go 将使我们能够继续领导全球建筑材料行业的数字化转型。"[21]

- CEMEX Ventures（CEMEX 的风险投资和开放创新部门，成立于 2017 年）主要投资挖掘建筑行业生态系统中新的价值主张。CEMEX Ventures 创建了一个"开放和协作的平台，引领建筑行业的革命……并塑造未来的价值生态系统"。[22] 在 2022 年，CEMEX Ventures 投资了 20 家初创企业并与之合作，以期对建筑行业的生态系统产生更长远的影响。在 2021 年，CEMEX 加入了 OpenBuilt 行业倡议，共同开发一个连接全球建筑行业公司的平台。[23]

让我们现在来看看西麦斯是如何实现关键突破的。在第一阶段，西麦斯专注于梳理数字化转型工作的流程，将 IT 与业务紧密结合。

CEO 的决定是多项重大决策权转移中的第一个，这些变化会直接影响所有西麦斯的资金和项目审批决定。尽管 CEO 全程参与数字化转型，但并不会亲自领导这项工作。首先，他将权责分配给了三个独立的领域：商业发展、流程和信息技术，以及人力资源。随着转型的重要性不断提升，他将权责转移到了执行委员会之下。同时，执行委员会认识到客户体验的真正改进需要赋予数字开发团队更大的自主权，也需要新的工作流程。西麦斯引入了敏捷方法，并组建了敏捷团队来开发平台服务。MVP 的概念帮助他们在开发平台的过程中与其他部门（如运营部门）学习和合作，现在的平台已经优化到了第 5 版。

让员工参与转型至关重要。西麦斯新的战略方向以及实施该战略的概念、操作和工具在公司内被广泛分享。混合学习和发展项目（blended learning and development programs，将面对面培训与在线学习平台相结合）为西麦斯的数字化转型奠定了基础。特别重要的是，这个过程培养了员工的"数字化思维"，其中包括以下五个组成部分：

1. 以客户为中心和聚焦客户旅程

2. （限时）迭代工作流程

3. 打穿孤岛和层级的合作习惯

4. 打造边测试边学习的环境

5. 拥抱持续变革

西麦斯认识到它们需要更好地了解客户，才能推动平台上线。虽然在过去，IT 部门往往会依赖业务经理的意见，现在它们会与客户进行持续的系统性对话，了解客户对所有新变化的体验。在探索过程中，员工与客户进行了 172 次访谈、小组讨论和客户调查，绘制客户旅程并确定客户在与西麦斯打交道时的痛点。其中的主要发现是，行业中对实时信息和透明度的不满，导致无法决策、无法优化生产率和运营管理效率。西麦斯员工发起了面向客户的提效行动，并与技术合作伙伴定制化开发了新的应用程序。实施转型过程中的高管培训以及有关数字化转型的研讨会，帮助西麦斯的高级领导团队形成了一套统一的语言体系，引导并协调公司改善客户体验的投入，才最终成功开发了 CEMEX Go 平台。

以平台思维为导向，专注于简化和优化客户与公司互动的模式，这样新的工作方式就会逐渐形成。客户称 CEMEX Go 为 "一站式购物中心"，这个平台能让他们轻松下单、合理安排时间或调整订单；收到订单即时状态的通知；实时追踪离开西麦斯设施开始交付订单的卡车；并从多种设备（包括计算机、智能手机、平板电脑和智能手表）管理这些订单的发票和付款。西麦斯的商业网络代表西麦斯的所有业务单位，创建了一个名为 "商业发展"（Commercial Development）的新组织，负责与客户进行互动。

西麦斯快速开发了数字化平台并在全球范围内进行应用，客户非常喜欢，它产生了持续的价值。然而，西麦斯很快不得不将注意力和投资重新转向改进运营，开始了数字化转型路径 2 的第二阶段。"我们不得不刹车。如果不解决一些错误和后端的问题，那么我们就无法继续发展，这些错误和后端的问题正在放大。如果我们不解决这些问题，平台使用率也会开始下降，"信息技术副总裁福斯托·索萨（Fausto Sosa）说。[24] 西麦斯在转型中增加了生产和管理流程，并创建了两个新平台来补充 CEMEX Go: SmartOps 用于生产, Working Smarter 用于优化支持管理流程(例如, 从记录到报告、从采购到付款、从上岗到退休)。

CEMEX Go 的全球推广需要进一步标准化西麦斯的许多流程、解决方案和(以前)自发的 IT 工作。组织变革促进了这一标准化进程。西麦斯将其传统的 IT 部门分成了一个"数字化赋能"部门(包括面向客户的项目、分析, 以及西麦斯数字化平台能力的开发职能)和一个"全球 IT 运营"部门(包括数据中心、采购 / 合作伙伴, 以及西麦斯的 IT 运营支持)。这些部门还引入了新的工作职能(例如, 覆盖全球的业务分析、用户体验和设计), 以及新的本地客户体验办公室, 以此整合本地客户的优先事项。

在 2019 年, 西麦斯创建了两个新的组织单位, 直接向 CEO 汇报。这次组织变革旨在进一步打破部门藩篱, 因为西麦斯整合了他们的三个平台——CEMEX Go、SmartOps 和 Working Smarter。这些领域包括: ①可持续发展、商业和运营发展部; ②数字化和组织发展部(DoD)。第一个领域包括商业发展、供应链管理和运营。第二个领域包括数字化赋能、信息技术、人力资源、CEMEX Ventures 以及 Neoris(由西麦斯拥有的转型咨询公司)。[25] CEMEX Ventures 成了 DoD 的一部分, 借此更好地将外部市场探索与解决客户需求的方案整合起来。此次组织变革在各个层面的协助下得以实施, 具体包括: 针对从执行委员会和总裁开始的公司各级数字能力的培训学习计划, 以及雇用 100 多名才华横溢的数字原住民来加速组织内的数字文化转型。

图 4-1 总结了西麦斯是如何管理这四次组织爆破的。CEO 费尔南多·A. 冈萨雷斯解释道:

图4-1 西麦斯是如何管理这四次组织爆破的

决策权

- 由CEO全面参与领导,重点投资于客户体验计划
- 将转型控制权移交给执行委员会负责
- 为数字开发团队提供更多的自主权

工作方式革新

- 在深化以客户为中心的转型中,利用好现有的运营和安全方面的设计
- 接受关于创建数字化思维方式的组织培训:敏捷、协作、迭代、扁平化
- 通过高级管理层的高管教育计划和管理层主导的研讨会,协调转型工作

平台思维

- 开发了一个集成了多种设备的数字化平台,为客户旅程提供端到端的服务
- 标准化流程和解决方案,消除自发搭建的IT流程造成的影响
- 用API探索开放生态系统,成功推出CEMEX Go外部开发者平台

组织变革

- 将IT一分为二:数字化赋能(以客户为中心)和全球IT运营(以企业为中心)
- 创建本地客户体验办公室和新的数字化功能(例如,用户体验/设计、数字架构)
- 设立两个新部门:①可持续发展、商业和运营发展部;②数字化和组织发展部

资料来源:与公司高管的访谈;公司文件。

　　决定选择哪条具体的路径只是我们业务转型之旅的第一步；作为 CEO，更大的挑战是密切管理所需的组织变革（或者用 MIT CISR 的术语说，是"爆破"）。技术以外的变革管理事项需要在 CEO 的议程中处于最高优先级。[26]

　　一个有效的办法是让你的转型领导团队为你的公司创建一个类似于图 4-1 的图表，展示变革管理过程的有效性！

领导者该集中精力做什么

　　成功地沿着路径 2 前进的首要任务（与路径 1 一样），是一遍又一遍地清楚地向你的员工和其他利益相关者描述路径。人们需要理解路径 2 中的两个明显的阶段，即取悦客户以及整合系统和重建平台。在管理上，每个阶段的价值创造和组织变革都有不同的重点（见图 4-2）。

取悦客户

　　在路径 2 的取悦客户阶段，团队成员通常会充满激情，他们会新建或改进现有产品和服务，提升客户体验。本章中所描述的工作方式革新令人兴奋且着迷。大多数公司会释放出前所未有的数字化创新的能力，对客户体验产生重大且可衡量的影响。由此提升的净推荐值分数或类似指标会激发人们继续进行本地创新的热情。

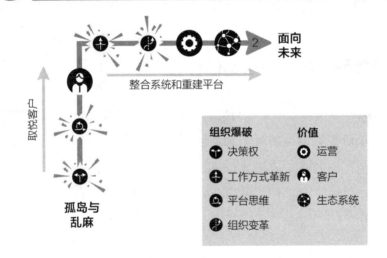

图4-2　路径2：领导者该集中精力做什么

面向未来

整合系统和重建平台

取悦客户

孤岛与乱麻

组织爆破
决策权
工作方式革新
平台思维
组织变革

价值
运营
客户
生态系统

资料来源：以上行动顺序来自我们的定性研究。我们使用分层回归和 MIT CISR 2019 年高层管理团队和转型调查（$N=1311$）的数据来检验我们的假设，即决策权是要首先处理的组织爆破。

在创新过程的早期阶段，捕捉并广泛分享成功的案例非常重要。员工会看到创新正在发生，但同样重要的是让客户、投资者和合作伙伴了解这个过程。这些早期的成功通常能让这个创新的过程自我强化，并在未来产生更好、更大的创意，同时也增加团队乐观的情绪。

在这个阶段，仪表盘或其他衡量影响的方式对于分享成功和展示三种价值（客户、运营和生态系统）非常重要。正如图 4-2 所示，首先要追踪的是来自客户的价值，其次是运营，然后是生态系统。

和所有路径一样，决策权是要首先应对的、最重要的组织爆破。通常情况下，这意味着赋予地方团队创造和改进客户产品与服务的权力，消除降低运营效率的各类阻碍，比如来自治理、预算、风险控制、技术、人力资源和财务等部门的业务流程。这些阻碍可能会拖延进展，各种审批或其他干预会减缓事情的进展。我们曾与一家银行合作，他们对风险控制部门的低效感到非常沮丧，于是他们在每个敏捷团队中添加了一个风险控制人员，并为他们设定了一个风险控制限额，可以在不经过集中风险控制办公室的情况下进行审批——这个方法非常有效。

在解决决策权问题之后，公司需要集中精力关注工作方式革新。明确新的工作方式对于快速推进路径 2 非常重要。这些新的工作方式需要培训、工具、经验分享以及其他干预措施，才能加快它们的实施，就像我们在车美仕看到的那样。

在创新不够快的时候，仪表盘也是很重要的，它不仅可以展示重要的指标，帮助识别必要的修正方向，还能跟踪服务成本。了解服务

成本的提升速度对于确定何时进入整合系统和重建平台的阶段至关
重要。

整合系统和重建平台

整合系统和重建平台阶段与路径 1 的数字化荒漠阶段非常相似，
但往往更容易实现，因为转型在上一阶段已经取得了成功。所需平台
的设计逻辑也通常来自第一阶段，因为团队确定了进一步取悦客户所
需的技术能力。这是通过平台思维实现价值的重点。就像我们在西麦
斯案例中看到的那样，这个阶段通常伴随着一些组织调整，以此更好
地推进转型中的优先事项。整合系统和重建平台阶段与路径 1 的不同
之处在于，因为客户创新仍在继续，并且在不断迭代，与新平台不断
结合。正是这种迭代加速了公司朝着面向未来的方向前进。

第四章行动要点

前三个动作在各路径中是通用的。

1. 今天（以及每一天）向员工传达信息，明确指出公司正在专注于通过路径 1 的转型迎接未来的挑战。描绘公司未来的工作场景，并详细阐述实现目标的步骤，帮助员工理解他们在其中所扮演的角色。

2. 收集初期成功的例子，无论在内部还是外部，进行广泛的分享。这些早期成功的指标有助于保持团队动力，推动团队的履约和进步，并减轻怀疑者的不利影响。

3. 制订一个应对组织爆破的计划。

4. 作为公司在执行路径 2 的一部分，描述路径 2 的两个阶段，即取悦客户以及整合系统和重建平台，每个阶段都有不同的重点、行动和价值来源。取悦客户阶段通常涉及在组织内放大客户的声音，借此创造新的产品和服务。整合系统和重建平台阶段通常要求公司识别其核心优势，构建数字化平台，将其转化为可复用的数字化服务。这个阶段通常是在取悦客户阶段的基础上构建起来的，具体针对公司现在所需的数字化服务。详细说明每个阶段在你的公司将会发生什么。

5. 一定要衡量服务成本，这通常由财务团队负责。这能确定你的公司何时应该进入整合系统和重建平台阶段。组建将成为你公司"交通警察"的团队。

6. 识别并跟踪衡量客户价值的指标。

7. 回顾车美仕和西麦斯所采取的方法，找出适用于贵公司文化的做法，并进行个性化调整。

第五章
路径 3：拾级而上

　　本章主要关注路径 3，在客户体验和运营效率之间有序地交替前行。这条路径是最受欢迎的，因为对许多公司来说这条路径看上去最合理，即先在客户体验上实现较小但可见的改进，再提升运营效率，这样交替进行，平衡两个维度上的改进。然而，选择路径 3（看起来像阶梯式）的公司面临的风险却出奇的高，财务表现也低于平均水平。其中的挑战在于，公司要协调各方的行动。为了成功采用路径 3 实施转型，公司必须严格限制数字化转型的范围（如 6~12 个月），将其完成，然后在阶梯上维持每项转型举措的价值创造，以便继续下一项数字化转型任务。

　　在本章中，我们将探讨路径 3 的阶梯式转型，梳理成功转型所需的关键动作（团队协同上的尤其重要）。我们观察到，公司在路径 3 的转型过程中，在经历了诸多实践之后，整个步调会更加平稳，沿着 45° 线朝着面向未来的方向

前进——通过协调一致的数字化转型计划，同步提升客户体验和运营
效率。

为何采用路径 3 以及会发生什么

路径 3 是最受欢迎的一条路径，占我们研究的所有公司的 26%。
采取路径 3 的公司在各个行业的分布相对均匀。消费品行业是采取路
径 3 的公司中涉及最多的行业，而采矿、石油和天然气行业则是最少
的。[1] 采取路径 3 的公司通常需要在一定时间内同时提升客户体验和
运营效率。这种需求往往是因为这些公司认为，在未来 5 年内，其业
务会面临来自数字化颠覆的威胁。这些采取路径 3 的公司估计，如果
不进行改变，那么它们的收入在 5 年内将损失 37%，而采取路径 1 的
公司的损失为 26%（最低），采取路径 2 的公司的损失为 39%。在
威胁水平类似的情况下，公司领导者必须考虑是什么因素驱动了这种
威胁，因为它影响了路径选择。如果你的公司主要面临的是围绕客户
的竞争，那么选择路径 2。如果你的公司无法分辨威胁的来源，究竟
是围绕客户期望的外部因素，还是系统复杂性和成本的内部因素造成
的，那么路径 3 很可能是最佳的选择。要在路径 3 上取得成功，公司
必须先确定一系列应对威胁的项目，并且在 6~12 个月内协调各个相
关部门统一推进。采取路径 3 的公司相信，它们可以在客户体验和运
营效率方面小步迭代，并逐步为未来做好准备。这样，它们就无须像
在路径 1 或路径 2 上那样，对运营效率或客户体验做出多年的承诺。

最重要的是，采取路径 3 的公司相信（有时是有点天真了），它们可以实现有效的内部协同，在看似较小且风险较低的步骤中切换转型的任务重心。

在路径 3 上的数字化举措中，公司会在创造客户价值和运营价值之间进行切换。这些公司还需要做额外的协调工作，使所有资源协同运作，借此实现比路径 1 或路径 2 更短的迭代周期，持续获得这两类价值。转型旅程的开始可以是公司自认为最重要的领域。例如，如果一家金融服务公司迫切想要改善客户体验，同时相信一些举措会带来重大改变，那么它们可以先重新打造一个新的银行 app。然后，公司将焦点转向运营效率，比如创建一个 API 层，加速未来的创新。然后，公司将焦点转向客户，使用新的 API 构建实时定制报价。接下来，为了进一步提升运营效率，它们将注意力转向简化系统并将业务能力迁移到云端。协调公司资源将注意力集中在优先事项上，从每个步骤中创造和获得价值，并在下一步中利用之前培育的能力，稳步朝着面向未来迈进。

在路径 3 中，协调公司资源是成功的关键。我们发现在拾级而上的过程中有四个关键要素（优先次序因人而异）。

- 激励团队：为公司的转型设定一个愿景，并向员工展示他们的行动会如何促进转型的成功。

- 分清主次：找到最关键的数字化举措，将其作为最高优先级，这些举措将累计创造价值。

- 创新支持：强化公司的数字化创新，为关键的数字化举措提供支持。

- 协调资源：确保每步创造的价值都能通过基于事实的决策传递给下一步，通过仪表盘跟踪进展，并保持沟通。

路径 3 上的公司在转型早期就会同时实现来自运营和客户的价值。但是如果协调不到位，阶梯会断裂，那么数字化举措之间无法承前启后，业务间产生隔阂，价值创造也会受制于由此产生的孤岛，公司面向未来转型的进展会受阻。

我们在第三章和第四章中分别描述了从运营和客户中创造价值的经验教训，也适用于采取路径 3 的企业。然而，路径 3 上的数字化举措通常步伐更小、更快、联系更紧密，学习时间也更少。

在路径 3 上实施转型：星展银行和荷兰皇家电信

现在让我们来看看两家公司的案例，它们都采取了路径 3 并成功进行了转型：①星展银行（DBS），一家位于新加坡的金融服务公司；②荷兰皇家电信（KPN），一家荷兰的电信提供商。星展银行之所以选择路径 3，部分原因是它们有信心能够在运营效率和客户体验之间来回切换焦点。星展银行的案例关注的是其关键的组织变革（或爆破）：平台思维。星展银行通过重组平台同步路径 3 上涉及的各种事项，并在过程中处理了其他几种组织爆破。相比之下，荷兰皇家电信决定转型时已经陷入危机，它也选择了路径 3 是因为它们必须同时改善运营效率和客户体验。荷兰皇家电信的案例着重介绍了该公司是如何管理四类组织爆破并同步各项举措的。

星展银行：同步平台，打造世界上最好的银行

公司在路径 3 上通过构建和复用平台，创建公司范围的公用资源，以此创造新的价值。星展银行是一个很好的例子，采取了路径 3 并取得了出色的业绩。

星展银行是一家总部位于新加坡的商业银行。它在个人、中小企业和对公业务领域提供全方位的服务，业务遍及全球 18 个市场。2009—2021 年，星展银行在新加坡从被一些人描述为"慢得要命的银行"（damn bloody slow），转变为被国际权威财经媒体《欧洲货币》（*Euromoney*）[2] 和《环球金融》（*Global Finance*）[3] 等出版物描述的"世界上最好的银行"（the best bank in the world）。星展银行是我们研究过的公司中最引人注目的案例，我们可以从它们的经历中学到很多教训。如需了解更多详情，请参阅新加坡南洋商学院（Nanyang School of Business in Singapore）萧健侠（音译，Siew Kien Sia）撰写的星展银行案例。[4]

星展银行成功的数字化转型提升了利润也增强了声誉。集团总收入从 2014 年的 76 亿美元增至 2021 年的 124 亿美元。[5] 股价从 2016年到 2018 年增长了一倍多，涨幅超过当地主要竞争对手。星展银行于 2016 年和 2018 年再次被《欧洲货币》杂志评为"全球最佳数字银行"（World's Best Digital Bank）。2018 年 8 月，星展银行被《环球金融》评为"全球最佳银行"（Best Bank in the World）。该杂志指出，星展银行"通过数字化转型为整个行业指明了未来之路"。[6]

金融科技（fintech）颠覆带来的威胁是无情的。与此同时，星展

银行在该地区（主要是像东南亚、南亚这样的新兴市场）通过有机扩张和收购带动的增长也面临越来越多制度上的限制。星展银行没有继续以传统的方式管理银行，它们看到了利用技术手段在这些新兴市场实现增长的机会。

该银行于 2009 年在时任 CEO 高博德（Piyush Gupta）的领导下启动了数字化战略。2009—2014 年，星展银行在技术方面投入巨资，并进行了彻底改革，重新构建了整个企业来实现数字化创新。银行领导者采用了一些令人难忘的术语来吸引公司中的每个人参与数字价值创造。例如，成为"核心数字化"（Digital to the Core，即从运营中创造价值）和"生活随兴，星展随行"（Live More，Bank Less，即从客户中创造价值）。其数字化转型的关键步骤包括开发可扩展的数字化平台、改进其技术和运营组织、利用技术重新设计其客户体验，以及促进内外部的数字化创新。

实现"核心数字化"：从运营中创造价值

首先是核心技术平台的合理化和标准化。星展银行将技术部门和运营部门合并，组建新的技术和运营部门。星展银行前首席信息官大卫·格莱德希尔（David Gledhill）讲述了星展银行管理层的想法：

> 我们的信念是要打通业务深入后端。这需要在创新方面进行大量的工作，涉及后端基础设施、数据集成层、消息传递，以及搭建灵活的架构。我们真正投入了大量资金的地方就是技术核心。它也将加快前端的服务速度。在此基础上，我们构建了世界一流的系统。[7]

星展银行对其技术能力、基础设施和新兴技术趋势进行了全面诊断。团队还访问了一些世界上最重要的科技公司，收集宝贵的建议并学习如何在银行实施行业领先的最佳实践。格莱德希尔观察到：

> 我们开始了解了最优秀的科技公司是如何运作的，它们是如何设计系统的，它们是如何看待客户体验的，它们是如何看待实验的，它们是如何快速行动的……我们还了解了它们的文化以及我们可以采用哪些文化元素……对我来说，一个顿悟的时刻是，这些公司都没有按照所谓应有的方式开始工程设计。无独有偶。事实上，它们一开始看起来都和我们很像……有陈旧的大型系统，也有单体的系统，而且不可扩展。它们无法快速行动，（因此）必须做出改变。同样的历史遗留问题，同样的故事。如果它们能做到，我们也能做到。[8]

为了与科技公司保持同等水平，星展银行建立了可扩展、能支持产品与服务快速面世和持续创新的交付渠道。随着历史服务器的退役和数据中心的缩小，虚拟化得到了巨大的推动。星展银行制定了"一切都上云"的政策，并系统地安排了其应用程序的迁移，从云就绪到云优化，再到最终的云原生。它们通过使用自动化工具、优化从测试到部署 DevOps 的管道，致力于尽可能地实现自动化，提高速度。它们引入了全新的协作方式，以此加快上市时间并打破组织孤岛。

基础设施工程也面向更加前端的服务，星展银行通过消除开发和运营之间的传统隔离并加强业务和技术单元的协调，推动 DevOps 集成。最后，也许最重要的是，银行通过改变资源配置（从需要批准或小组委员会审查的单个项目，转向资助一组共同运营和管理关键技术平台的业务和技术人员），将团队的工作重点从单个项目转向平台。

星展银行还做出了一项战略决策，将原本外包的技术基础设施团队引入银行内部，运维自己的技术平台。此举将85%的外包转变成85%的内包。格莱德希尔表示，"我们要运维自己的技术平台，否则我们永远不会拥有自己的技术 DNA。"[9]

例如，星展银行已成功地将技术基础设施内包给了位于印度的一个拥有 1 000 人的开发中心。100% 的应用程序位于 DevOps 上，80% 位于云端（后来这个比例达到将近95%），95% 的系统已虚拟化。到2017 年年底，星展银行已将其应用程序成本削减了 80% 以上。这得益于应用程序开发管道的自动化，其新增应用程序的发布速度提升了近 10 倍。[10]

"生活随兴，星展随行"：从客户创造价值

星展银行还将其根深蒂固的客户旅程理念提升到了一个新的水平，将银行业务隐形化，这体现在其"生活随兴，星展随行"的口号中。星展银行集团人力资源主管李映虹（Lee Yan Hong）表示："时间很宝贵，因此我们希望将其回馈给客户。当我们将银行的所有需求都放在手机上，让银行隐形，让客户的旅程充满乐趣时，他们就拥有了一家 24×7 的银行。整个目的是消除银行业中客户端烦琐的任务。"[11]

星展银行将银行业务融入客户旅程的转变得益于一组全新的 KPI，这些指标跟踪五个关键领域的价值创造：

- **获取**——通过更广泛的在线分销获取客户（例如，从通过分行或客户关系经理获取客户转向数字化营销的手段；人力资源部门通过社交媒体访问新的人才库）。

- **交易**——实现无纸化以及即时响应（例如，从物理文档转向诸如综合电子报表的电子文件；从手动的开户或交易执行到一键式直通式处理或交易的自动化）。

- **参与**——通过情境营销增加客户黏性和交叉销售（例如，以数字化的方式提供个性化研究报告；人力资源部门创建了一款多用途 app，让员工能轻松处理业务，随手获取所有信息、随时办公、在线联系）。[12]

- **生态系统**——将服务嵌入客户旅程，这通常是通过 API 与合作伙伴接通，提供新的客户价值主张。2017 年 11 月，星展银行推出了开放式 API 平台（这是全球由银行托管的最大 API 平台之一），提供跨 20 多个服务类别（例如资金转账和实时支付）的 150 多个 API。[13] 该平台是一种供开发人员和星展银行彼此之间无缝访问的方式。这些 API 大部分都提供各类服务，如信用卡管理、贷款资格评估、会员积分兑换，以及外汇汇率计算。

- **数据**——使用数据获得客户和运营洞察。例如，星展银行的自动柜员机（ATM）团队与数据科学家合作，搭建预防性维护和现金回收的预测模型。这一投入将 ATM 停机时间从 20% 减少到可以忽略不计的水平，为银行节省了 2 000 万美元。同样，该银行的审计团队通过应用数据分析和机器学习实现流程自动

化（例如分行风险分析、交易欺诈分析和信用风险评估），大
幅提升了生产力。人力资源部门还开发了员工招聘、保留和生
产力评估方面的分析模型（例如，识别高绩效员工的主要特征，
预测员工流失，设计并实施适当的干预计划）。

落地实施

星展银行通过以下几种方式实现之前介绍的四个关键要素，将其
数字化举措落地，即"核心数字化"（从运营中创造价值）和"生活
随兴，星展随行"（从客户中创造价值）。

激励团队

对星展银行来说，人才是关键的差异化因素，其愿景是培养员
工、拥抱初创企业的品质，并"创建一个（当时）拥有 26 000 人的
初创企业"[14]，以客户为中心、数据驱动、敢于冒险、敏捷，并不断
学习。当星展银行将自己与银行业以外最好的公司进行比较时，"核
心数字化"的野心就更加强烈了。为了有效参与竞争，星展银行希望
像谷歌（Google，G）、亚马逊（Amazon，A）、奈飞（Netflix，N）、
苹果（Apple，A）、领英（LinkedIn，L）和脸书（Facebook，F）等
科技巨头一样。星展银行立志成为"甘道夫"（GANDALF）中的
"D"。格莱德希尔观察道：

> 成为"甘道夫"中的一员对我们的团队有很大的号召
> 力。它对我们员工的影响比我们所做的任何事情都大，因
> 为它开始让他们思考什么是可能的。这一直是很直接的文
> 化支点，可以像避雷针一样震撼人们，让大家以不同的方

式进行思考。我们中的许多人都习惯于用过去的方式做事、构建自己的整个职业生涯。突然之间，我们被告知，现在情况不同了。"甘道夫"确实为我们打破了玻璃，使我们能够描述一种不同的经营方式，而不是为过去找借口。[15]

星展银行投入了大量的资源来重新培训员工。此外，该公司还开发了更灵活的工作方式，例如允许员工加入新团队，以兼职的方式研究创新的想法。李映虹这样描述这些投入：

> 通常，当组织进行数字化转型时，他们会专注于通过愿景和数据驱动的流程赢得"领先"。同样重要，甚至更重要的是，赢得"人心"。我们必须通过认可和欣赏员工的工作，并为他们提供做出改变的机会，才能确保大家在这一旅程中步调一致……我们不能指望着，一方面想成为一家拥有数字文化的大型初创公司，另一方面又集中控制着一切。我们一直致力于在整个组织内的赋权，我们发现着眼小处对改变文化大有裨益。[16]

协调资源

随着数字化转型的深入，星展银行认识到，其业务战略和技术战略交织得也越来越深。它需要通过围绕技术平台进行重组，进一步融合业务和技术。

对星展银行来说，平台是技术资产、技术支持、管理和指导这些技术资产及其相关资金的人员的组合。星展银行的平台分为四类：

- **业务平台**：专注于面向客户的业务，如消费者业务、机构业务、资金与财富管理等业务。
- **企业共享平台**：利用通用的服务支持其他业务。这些通用的服务包括客户数据、支付、客户服务、API 开发，以及人工智能、区块链和聊天机器人等新兴技术。
- **企业支持平台**：负责支持跨所有业务的职能，如金融、人力资源和核心的银行业务。
- **企业赋能平台**：主要涉及技术基础设施、网络安全、访问管理、企业架构和交付支持。

图 5-1 展示了星展银行最初的 12 个平台。到 2021 年，平台数量已增至 33 个。[17]

激励措施和决策过程必须重新调整。为了促进这一转型，星展银行建立了一个二合一的系统来管理这些平台。[18]星展银行创新主管比尤特·杜姆拉（Bidyut Dumra）表示：

> 从治理的角度看，我们希望追求一种二合一的方法。这与我们希望以初创企业的形式开展业务的理念息息相关。在初创企业中，最主要的两个人物是 CEO 和 CTO。业务和技术融为一体。如果你是一家数字化企业，那么这两个角色必须同步。因此，对每个平台而言，我们都有一个业务负责人和一个技术负责人。这两个人负责整个平台的所有决策：他们有共同的 KPI，因此他们都在实现同一个梦想。[19]

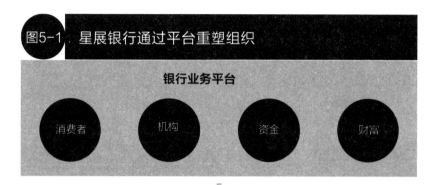

图5-1　星展银行通过平台重塑组织

资料来源：改编自南洋理工大学亚洲商业案例中心（The Asian Business Case Centre）和 MIT CISR 的 S.K.Sla、P. Weil 和 M.Xu "星展银行：从'全球最佳银行'到'面向未来'的企业"（DBS: From the "World's Best Bank" to Building the Future-Ready Enterprise）一文，案例编号 ABCC-2019-001，2018 年 12 月。

分清主次

在新的平台组织中，采用二合一治理模式，业务平台的技术负责人也需要负责利润表，而业务负责人也需要负责技术的 KPI 和技术支持预算，这也将被视为业务费用。这次围绕平台的重组将业务与技术的融合提升到一个新的水平。它在一个统一的待办事项优先级模型（A Single Backlog Prioritization Model）上运行。星展银行创新主管维杜特·杜姆拉描述了这一变化：

> 业务和技术的待办事项被放在了一起，统一安排优先级。例如，对人力资源部门来说，业务方面的诉求可能是实现人才搜索流程和入职流程的自动化——这些是业务待办事项中的内容。从技术角度看，同一件事情上，它们可能也有自己的待办事项，如需要升级软件 PeopleSoft 或硬件。你可以看到这是两个独立的待办事项。现在将它们放在一起，并与同一群人一起处理……随着这些待办事项的统一，关系也会发生变化。业务和技术背靠背，相互扶持和高效对话，实现我们所说的目标，即"业务等于技术"和"技术等于业务"。[20]

创新支持

星展银行努力从运营和客户中创造价值（实现核心数字化并将银行业务嵌入客户旅程），并在其培训计划的支持下，为持续实验和业务创新提供了肥沃的土壤。2017 年，星展银行启动了 2 000 多个实验和创新项目。特别是在 2016 年 4 月，星展银行在印度推出的移动银行 Digibank 是其尝试新型银行概念的大胆一步。Digibank 是无纸化、无签名、无网点的。客户的身份是使用他 / 她的生物识别 ID 进行验证的。客户服务由 AI 驱动的虚拟助理提供，无须人工干预即可处理 80% 以上的客户诉求。[21] Digibank 只需要传统银行五分之一的资源。因此，它能够通过向消费者提供更高的利率和更低的银行费用积极参与市场竞争。这个没有分行、ATM 机或银行经理的银行，在第一年就获得了100 万客户。[22]

星展银行也学会了通过外部合作增强其服务能力，围绕客户需求开发生态系统，从生态系统中创造价值。其中一个例子是它与印度最大的中小企业 ERP 供应商 Tally 的合作。通过与 Tally 的 ERP 进行 API 集成，星展银行能够根据中小企业的良好交易记录，在其现金短缺时提供即时贷款等金融产品。这样，中小企业可以在需要现金时迅速获得支持。

作为总结，星展银行 CEO 高博德是这样描述星展银行转型的：

> 我必须承认：你并不总能清楚地知道未来是什么样子的。但很明显的是，你必须对未来有自己的看法。你要确保你已经做到深思熟虑，这样你就有足够多的点子来适应市场并做出反应。未来 10~12 年的赢家将是那些能够在工作方式中培养敏捷性、灵活性、适应性，并能快速响应需求的人。[23]

荷兰皇家电信：管理组织爆破，实现迭代式的转型

现在我们转向荷兰最大的电信公司荷兰皇家电信。[24] 该公司在

2014 年面临严峻的竞争形势。在荷兰皇家电信采取了路径 3 后，从
2018 年开始，其业务有了显著的改善。在本案例中，我们将重点关注
荷兰皇家电信是如何在从客户创造价值和从运营中创造价值的数字化举
措之间来回切换，以及它们是如何应对四类组织爆破而成功转型的。

　　荷兰皇家电信是荷兰的一家信息和通信技术服务提供商，为消费
者和企业提供一系列的产品，包括移动和宽带连接以及云服务。如
今，荷兰皇家电信的目标是："我们希望使荷兰成为世界上联系最紧
密的国家。我们希望引领国家数字化，成为数字化生活的首选合作伙
伴。"[25] 荷兰皇家电信在 2020 年度报告中反思转型之旅时指出，"自
2019 年启动最新战略计划以来，我们已成为一家更精益、更快速、更
简单的公司。我们为未来几年奠定了坚实的基础。"[26]

　　然而，七年前，荷兰皇家电信面临巨大的财务压力。激烈的竞争
使得本就饱和的市场价格继续下降，监管则限制了终止合同费率的上
限和漫游费，而 WhatsApp、讯佳普（Skype）、声田（Spotify）和奈飞
等互联网公司不仅侵蚀了电信的传统业务收入（来自电话和短信），[27]
还给网络带来了沉重负担。[28]

　　荷兰皇家电信需要几乎同时提高运营效率和客户体验才能保持竞
争力，因此路径 3 成了最佳选择。在转型之初，一些客户体验举措
（例如为数字服务创建统一的客户身份和改进订单获取的流程）似乎
特别有前途，具有巨大的潜在回报。遗憾的是，荷兰皇家电信的分布
式（且大部分是外包）IT 能力限制了公司立即执行这些计划的能力：
"我们的能力很糟糕。我们外包、离岸的业务太多了。如果我们真的
想实现数字化电信公司的梦想，那么我们就必须自己构建这些能力。"

荷兰皇家电信前首席信息官博克·霍温（Bouke Hoving）说道。[29]

在荷兰皇家电信追求打造更好的客户体验的目标之前，它必须对其运营基础进行多项改进——首先，在其路径上向右移动（提高运营效率），然后向上移动（增强客户体验）。

该过程始于决策权的变化。CIO 从 CEO 那里获得了组建一个名为"简化与创新"（Simpli1cation and Innovation，S&I）的转型部门的授权，他可以在其中集中设计所有业务流程、IT 架构和 IT 开发能力。正因此，所有业务部门主管都必须搁置（大部分）自己部门的转型计划，而 CIO 会搁置所有后端本地化业务的转型（大部分已外包）。这可以释放大量资金，并有助于将重点转向打造全新的工作方式，提供全新的客户解决方案。

将开发人员和设计人员引入内部可以激发创新活力，并使 IT 开发更贴近业务。S&I 依靠专业的第三方机构来招募有吸引力的人才（那些有能力将最优秀的数字化人才吸引来加入公司的人）到荷兰皇家电信工作。该部门还将其办公地点从荷兰皇家电信位于海牙的总部迁至阿姆斯特丹，该地点对国际候选人更具吸引力，并在那里创建了一个令人兴奋的全新的数字化工作场所。这种差异不仅仅是物理上的。新员工开始将传统处理系统转向开源和基于云的环境，并以敏捷的方式工作。这种新的工作方式在内部被称为"数字化技艺"（digital craftsmanship），它培养了团队集体工作的习惯、带来了更多的实践，也快速提升了团队的专业技能。

将这些敏捷实践嵌入现有的公司治理中被证明是具有挑战性的，因为 S&I 新的工作方式并不符合荷兰皇家电信传统的汇报和管理机制。

"最大的组织爆破是我们取消了所有指导委员会、KPI 电子表格、内部管理信函、管理层级，以及企业评估体系——这些都是我们员工的巨大障碍，"博克·霍温解释道。S&I 的领导层任命了业务代理人，他们与公司其他部门保持紧密的沟通，并确保 S&I 遵守荷兰皇家电信的标准汇报要求。[30] 这消除了敏捷团队不必要的开支，使他们能够从敏捷开发过程中所犯的错误中学习（而不必担心负面的绩效）。

荷兰皇家电信新晋人才发起的变革对公司的平台思维和盈利产生了积极的影响。荷兰皇家电信淘汰了 25% 的系统，同时更换了所有陈旧的平台并逐步淘汰传统软件，以开源和基于云的环境取而代之。在转型初期，S&I 的敏捷团队开发了一个数字引擎，实现了通过 API 访问荷兰皇家电信后端的 300 多种传统服务，从而使开发人员能够快速实现全新的以客户为导向的转型。例如，首批数字化引擎项目之一就重新设计了流程，缩短了订单信息捕获时间，将其广受欢迎的四合一服务的店内订单捕获时间从 30 分钟缩短至 3 分钟，这是客户体验方面的重大突破。

S&I 的目标是尽早且经常性地展示转型成果，从而强化团队转型的动力。在实现了对客户体验的初步改进后，S&I 才将目光投向荷兰皇家电信运营平台的战场实施转型。在这一轮转型中，团队引入了下一代业务支持系统，进一步改进了 API，并实现了第二波客户体验的改进。在 S&I 将客户迁移到新的运营平台上之前，它与消费者业务部门密切合作，帮助梳理荷兰皇家电信的产品组合。这两个部门从为期两年的产品冻结开始，共同启动了组织变革。在此期间，它们砍掉了荷兰皇家电信 80% 的产品，并协调了其余产品的流程。这种大规模的简化工作有助于打破组织内部的孤岛，巩固公司将重心从产品转向客户的决心。

2014—2018 年，荷兰皇家电信的数字化业务转型创造了巨大的运营价值，故障停机时间减少了 90%，节约了 5.7 亿欧元（6.22 亿美元），比最初目标高出 90%。也许更重要的是，该公司极大地改善了客户体验，净推荐值提高了 20 个百分点。这有助于从客户创造更多价值——吸引新客户并留住现有客户。到 2018 年中期，荷兰皇家电信已做好引领 5G 时代创新的准备。

为了帮助你的公司管理这四类组织爆破，图 5-2 总结了荷兰皇家电信是如何处理这四类爆破的，以及这些组织爆破是如何帮助公司协同路径 3 上的各种举措的。

荷兰皇家电信的未来

与其他所有公司一样，荷兰皇家电信也受到了 2019 年新冠疫情暴发的影响。幸运的是，数字化转型帮助它们应对了这一前所未有的挑战。荷兰皇家电信 CEO 兼董事长约斯特·法维克（Joost Farwerck）在 2020 年报中思考了未来：

> 我们将把工作方式转变为线上与线下相混合的模式，这将减少我们办公室的使用。在鼓舞人心的办公环境中，将远程工作与团队协作、集思广益和社交相结合，我相信持续一致的数字化和简化将创造更有效和灵活的组织。我们以目标为导向的绩效和精通数字技术的员工队伍是我们持续优化的关键。[31]

图5-2 荷兰皇家电信是如何实施组织爆破的

决策权

- 获得CEO的转型授权
- 重新设计所有业务流程、IT架构和IT开发能力，将其从业务部门集中到公司的数字化部门

工作方式革新

- 重新引入前端人才，创建250个"敏捷最大化的团队"（自治、跨职能、授权）
- 注重员工专业技能和持续学习；变成以客户为导向和以数据驱动业务
- 取消了几乎所有官方汇报和评估机制

平台思维

- 开发了支持API的数字化引擎，使每个开发人员都可以使用传统服务
- 创建了基础设施和平台团队，将业务转向开源加上自己的云端解决方案，并要求开发人员尽可能实现自动化，用一个新的（且简化的）后端系统取代了乱麻一样陈旧的系统

组织变革

- 砍掉了80%的产品并协调了流程，借此消除了业务孤岛
- 裁撤了数字化部门90%的经理

资料来源：与公司高管的访谈；公司文件。

领导者该集中精力做什么

要成功领导路径 3 上的转型，领导者需要向团队阐明，公司面向未来转型的愿景，以及领导者会如何使每个人都参与进来，与此同时实现客户体验的改善和运营效率的提升。但更重要的是，领导者必须协同路径 3 旅程中的所有活动。其中最具挑战性的元素是为拾级而上的每个阶段选择正确的转型举措，并从中挖掘价值，进行协调。选择正确的转型举措通常不是为了获得最高的短期投资回报，或用于销售人员的展示。相反，它的核心在于精心设计相互承接的项目，交替地从客户和运营中创造价值，并为未来奠定基础。确保前期项目的价值能融入下一个项目，这样才能继续公司的面向未来之旅。

在交替关注运营效率和客户体验的同时，协调大公司内部的各项活动，这也是路径 3 转型的一大挑战，也是最有可能失败的原因。星展银行利用搭建和复用平台来协调其转型的所有活动。星展银行通过平台对公司进行了重组，并采用了二合一治理方法。其他公司会使用不同的方法来协调，如实施四次组织爆破。荷兰皇家电信的侧重点是有效管理新的工作方式和改变决策权，并借此协调转型工作。

对于走上路径 3 的领导者，图 5-3 提出了关注价值和爆破的顺序。与所有路径一样，领导者必须首先将决策权与路径保持一致。对于路径 3，必须赋予领导者权力，他们可以优先考虑公司将承担哪些项目以及他们将放弃或留待以后的项目。路径 3 的一个独特之处在于，领导者在第一年专注于从运营和客户中创造价值。大多数公司通过创建

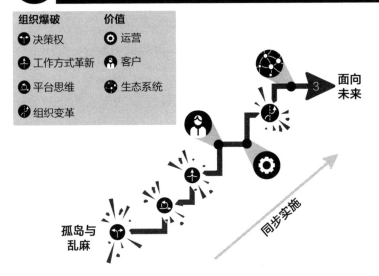

图5-3 路径3：领导者该集中精力做什么

组织爆破
- 决策权
- 工作方式革新
- 平台思维
- 组织变革

价值
- 运营
- 客户
- 生态系统

孤岛与乱麻

同步实施

面向未来

资料来源：以上行动顺序来自我们的定性研究。我们使用分层回归和MIT CISR 2019年高层管理团队和转型调查（N=1311）的数据来检验我们的假设。

愿景、选择关键项目、创建仪表盘衡量价值并改变激励措施以实现所需的价值。

正如我们在荷兰皇家电信和星展银行中看到的那样，处于阶梯早期上升阶段的公司需要专注于新的工作方式，快速从客户中创造价值。当公司在楼梯台阶上水平移动时，最初的重点是创建平台，抓住公司运营皇冠上的明珠，并使它们在后续步骤中可复用。通常，沿着阶梯继续前进，企业会进行重组，以此更快地实现"面向未来"的转型，并开始从生态系统中获取更多的价值。不同阶段的新目标也需要体现在仪表盘和激励机制的变化之中。

第五章行动要点

前三个动作在各路径中是通用的。

1. 今天（以及每一天）向员工传达信息，明确指出公司正在专注于通过路径 1 的转型迎接未来的挑战。描绘公司未来的工作场景，并详细阐述实现目标的步骤，帮助员工理解他们在其中所扮演的角色。

2. 收集初期成功的例子，无论在内部还是在外部，进行广泛的分享。这些早期成功的指标有助于保持团队动力，推动团队的履约和进步，并减轻怀疑者的不利影响。

3. 制订一个应对组织爆破的计划。

4. 作为公司在执行路径 3 时的沟通计划，请给大家介绍一下经历这种转变时的感觉，描述短期（6~12 个月）的计划，转型的重点将从改善客户体验转向提高运营效率，并再次回到客户体验，以此往复。你的员工将依赖此路线图来指导他们的工作重点和业务活动。

5. 专注于各项目间的同步。这包括选择能够在相对较短的时间内提供真正价值的关键项目，积累价值，然后将学到的经验教训传递给下一个项目，从而不断积累学习和进步。

6. 由于构成转型的项目具有短期迭代的性质，请注意路径 3 上可能发生的混乱。你将需要实施强有力的沟通和治理，以此根据公司的转型阶段改变重点。

7. 跟踪有关运营、客户价值，以及生态系统价值的指标。这是路径 3 转型中最困难的任务之一。可能的话，确定能够同时实现这两个目标的指标（或者最好是同时实现这二个目标）。

8. 回顾星展银行和荷兰皇家电信所采取的方法，找出适用于贵公司文化的做法，并进行个性化调整。

第六章
路径 4：重起炉灶

面对眼前转瞬即逝的数字化机会或亟须防御数字化带来的威胁，但你的公司没有时间实施转型，你会怎么做？你可以创建一个全新的数字化组织，通过合适的人员、新的业务模式、支持性的文化，以及最佳的合作伙伴和平台取得成功。重起炉灶建设这些新组织是实施面向未来转型的第四条路径。对许多公司来说，路径 4 意味着一种新的商业模式，并且往往是通过多条（协调好的）路径实施转型的一部分。例如，保险公司会采取路径 1 实现其核心业务的工业化，实现索赔自动化，并改善客户体验。与此同时，该公司还会采取路径 4，创建由全新的生态系统构成的业务单元，成为家庭安全的一站式解决方案提供商，整合其保险产品和合作伙伴的服务，如警报系统、围栏和照明。而后者的所有产品和服务都完全隶属于一个针对千禧一代的新品牌，并且仅在 app 上销售。

以下是一些成功实施路径 4 的例子。

- **拜耳（Bayer）旗下气候公司的 Climate FieldView 平台：** 拜耳子公司 Climate LLC 为农户提供了一个一站式平台，通过 FieldView 平台，农户可以管理农作物每平方米的产量，帮助他们专注实现目标（而不仅仅是看除草剂和种子等投入）。[1] 他们的目标是打造"一个数字农业生态系统，让全球农户可以轻松访问大量相互关联的工具、服务和数据，并借此优化他们在农场的所有决策"。[2] Climate 的订阅服务整合了 70 多个合作伙伴的产品，包括卫星成像、传感器、无人机、天气信息、种植软件、保险和其他产品。[3] 这项数字化农业业务于 2015 年推出，截至 2020 年，已覆盖全球超过 1.8 亿英亩⊖的耕地面积。[4] 采取路径 4，并设立一个全新的组织，是拜耳农作物科学公司（Bayer Crop Science）实现目标的关键举措，这帮助公司实现了基于结果的数字化解决方案。2021 年 11 月，拜耳宣布与微软云计算服务（Microsoft Azure）合作，扩展 FieldView 平台，并通过开发数字化平台促进更广泛的农业生态系统（包括食品行业企业）实现可持续发展。[5]

- **平安好医生：** 中国最大的保险公司平安创建了平安好医生平台，该平台提供 7×24 的一站式医疗保健服务，该服务由 189 000 家药店、4 000 家医院、1 700 个体检中心和超过 1 800 家医疗机构（截至 2021 年 9 月 30 日），以及 2 000 人的内部医疗团队组成，这样一个不断增长的生态系统提供并通过 AI 医师助理协调服务。2021 年，该平台拥有超过 4 亿注册用户（较 2020

⊖ 1英亩=4046.86平方米。

年增加了 5500 万用户），以及 74 万来自企业客户的付费用户，[6] 公司收入 38.18 亿元（约合 6.05 亿美元），[7] 较上一年增长 39%。[8] 2021 年，平安好医生还宣布了新的增长战略，包括家庭医生会员资格等新客户服务，以及一个针对在线医疗保健用户、医疗保健提供商和企业医疗保健用户的商业模式。[9]

- **巴西布拉德斯科银行的 next**：next 是一个数字化平台，旨在让人们的生活更轻松，并鼓励他们实现目标。next 于 2017 年作为巴西布拉德斯科银行的数字银行推出。2022 年，它作为一个数字化平台独立运营，巴西布拉德斯科银行为其主要投资者，拥有超过 1 000 万客户。它将其增长归因于对客户的关注、细心倾听他们的需求，以及通过分析数据了解趋势和行为。除了金融服务（活期账户、工资账户、借记卡和信用卡、保险、投资和贷款），next 还提供非金融解决方案。其中包括：nextShop（提供优惠和在线现金返还的零售市场）、与迪士尼合作的针对儿童和青少年的 nextJoy 账户、在线流媒体服务，以及与数字钱包的集成。[10]

- **哥伦比亚银行的 Nequi**：Nequi 就是哥伦比亚银行采取路径 4 的产物，也是哥伦比亚第一家数字银行。[11] 该初创公司于 2014 年在哥伦比亚银行的创新实验室成立，成立之初就有两个目标：①吸引没有银行账户的人来哥伦比亚银行，并帮助这些客户处理资金（例如，通过"口袋""把钱存在床垫下"等简单的语言和隐喻让用户感觉更舒服）；②成为哥伦比亚银行传统银行业务的测试实验室。例如，哥伦比亚银行通过 Nequi 试验了应用程序编程接口（API）来发展合作伙伴关系，测试其生态系统战略的一部分。这些经验最终被整合到哥伦比亚银行的运营中。Nequi 的长期规划（保留一个业务部门或成为一个独立的业务）直到新冠疫情暴发才清晰起来，疫情期间的政府资助改变了 Nequi 的用户群。到 2021 年年底，Nequi 拥有超过 1 000 万客户，而且比预期更加多元。2021 年 12 月，哥伦比亚银行董事会授权 Nequi 作为一家 100% 数字信贷公司运营，独立于哥伦比亚银行的业务，拥有自己的金融牌照。

为何采用路径 4 以及会发生什么

在我们研究的所有公司中，约有 10% 采用路径 4 作为实现面向未来转型的主要方法。此外，在采用多种路径的 22% 的公司中，许多公司都有路径 4 的安排。消费品、金融服务、制造业和重工业的公司普遍采用路径 4。采矿、石油和天然气、教育和电信 / 媒体行业的公司最不可能采用路径 4 旅程。

公司通常会因为有加快产品上市速度的需求而选择路径 4 进行转型，而且公司领导者认为未来 5 年其收入的很大一部分将受到威胁。采取路径 4 的公司估计，如果不做出改变，那么 5 年内将损失 43% 的收入，而采取路径 1、2 或 3 的公司，如果不做出改变，其 5 年内将分别损失收入的 26%、39% 和 37%。采取路径 4 的公司通常会认为存在一个有吸引力的商业模式机会，而只有采用与其主营业务不同的方法才能抓住这个机会。

路径 4 转型的核心是创建一个面向未来的单位，从第一天起就数字化。这样的做法让路径 4 看起来令人兴奋——公司在没有既定剧本的情况下进行测试和学习，而这在主营业务中很难做到。在我们的研究中，我们发现处于第四条路径上的公司高管必须回答四个问题，但通常他们都没有做到。

商业模式是什么

在任何数字化举措中，尤其是在路径 4 上的转型中，要问的一个关键问题是：拟议的商业模式是什么？在我们 2018 年由哈佛商业评论出版社出版的《你的数字商业模式是什么？》(*What's Your Digital Business Model?*) 一书中，我们描述了公司在数字时代赚钱的四种不同方式。[12] 在我们与高级管理人员就其最重要的数字化转型举措举行的研讨会中，我们发现大多数大公司会在两个维度（对终端客户的了解程度和公司的业务设计）上探索四种商业模式（见图 6-1）。大多数大公司会从不止一种商业模式中获得收入。总的来看，四种商业模式中的每一种都是有利可图的，尽管它们的风险和回报情况各不相同，并且公司通常会采用不止一种模式。我们按照经过行业调整的平均增长率从最高到最低列出了这些模式。

- **生态系统驱动者**：通过提供自己的服务，以及合作伙伴精心策划的互补产品，成为你所在领域首选的一站式服务提供商。例子包括亚马逊、马士基（MAERSK）和 IBM 合作推出的支持区块链的航运解决方案贸易透镜（TradeLens）、FieldView 和澳大利亚房产交易平台 Domain。
- **模组提供商**：提供适应各种生态系统的即插即用服务的公司。

139

图6-1 | 四种数字化商业模式

充分了解终端客户

全渠道服务商

- 掌控客户关系
- 创造多种产品帮助客户完成"待办任务"
- 提供多种渠道，供客户选择
- 利用整合的价值链

比如，银行、零售、公用事业

生态系统驱动者

- 成为你所在领域首选的一站式服务提供商
- 增加互补的或者有可能是竞品的产品
- 确保足够好的客户体验
- 匹配客户需求与供应商
- 获取所有客户互动数据
- 抽取平台佣金

比如，亚马逊、富达和澳大利亚房产交易平台Domain

价值链 ——————————————→ 生态系统

生产供应商

- 聚焦提供低成本产品，核心技能是渐进创新
- 冒着丧失市场主动权的风险

比如，制造商、医药公司

模组提供商

- 适应各类生态系统
- 不断创新

比如，贝宝、云计算软件公司Okta，跨境收款平台Klarna

部分了解终端客户

资料来源：P. 威尔，S. 沃尔纳，《你的数字商业模式是什么？》（*What's Your Digital Business Model?*），哈佛商业评论出版社，2018年。

这些业务通常基于支持 API 服务的数字化平台，与技术无关。例如，贝宝、大数据信贷平台 Kabbage、富达（Fidelity）的一部分和云计算软件公司 Okta。

- **全渠道服务商**：为客户提供跨渠道访问自己服务的公司，旨在无缝衔接线下和线上体验。这种模式的例子包括大多数大型零售商和银行。

- **生产供应商**：在另一家公司的价值链中提供其产品的公司。供应商通常与最终客户没有牢固的关系，并且在交叉销售方面会遇到困难。供应商包括许多制造商、制药公司以及一些保险公司、银行和销售投资产品的公司。

近年来，只有生态系统驱动者和模组提供商这两种商业模式的增长和利润率均高于行业平均水平。[13] 其他两种模式虽然仍可盈利，但增长和利润率均低于行业平均水平，我们预计在接下来的十年里这一趋势将会继续加强。尽管我们偶尔会看到有公司会在路径 4 上采用生产供应商和全渠道服务商的商业模式（例如，进入新国家 / 地区的市场），但我们看到和研究的大多数举措都是围绕成为生态系统驱动者或模组提供商的商业模式。

目标客户领域是什么

对于任何在考虑采用生态系统驱动者模型的公司来说，关键问题是：我们希望成为一家什么样的一站式服务提供商？就像亚马逊、贸易透镜或澳大利亚房地产服务公司 Domain 一样吗？随着生态系统越来越成功，你的野心可能就会越来越大。过去的几十年来，大家总会认为自己就是在某个行业中经营自己的企业，如银行、零售、航运、汽车和能源等。但客户并不会这样看待自己的需求，大多数客户的需求和必须解决的问题通常是跨行业的。例如，企业客户想要管理能耗，消费者想要接受教育、买房或管理他们的日常生活。我们将这些客户问题称为"领域（domains）"。[14]这种底层看法的错位通常会导致客户体验支离破碎，生态系统商业模型则会重新思考如何解决每个重要领域的客户需求。

例如，在服务 B2B 客户时，施耐德电气从销售零散的产品转向提供互联能源解决方案，解决客户领域管理能源需求的问题。这一举措成果斐然，基于物联网的数字化解决方案为施耐德贡献了超过 50% 的收入。[15]该公司最好的客户现在实现了 65% 的能源效率，而该行业的平均能源效率仅为 30%。[16]同样，富达基于对客户的深入了解，扩大了它们的服务范围，即通过合作伙伴的产品，提供一系列互补的、独特的价值。例如，对于送孩子上大学这一人生大事，富达将自己的产品（如共同基金）与合作伙伴的产品（如通过 Credible 提供的学生贷款）结合了起来。[17]

为了激发你对领域和行业的思考，图 6-2 显示了触及家庭客户领域的各个行业公司的百分比。核心的洞察是，要成功满足客户领域的需求就需要集成许多不同行业的产品。获胜者可能来自任何参与行业，甚至是一家为客户领域提供服务的数字化原生的公司。

建站平台 Shopify 就是这样一家围绕客户领域打造的公司典范，没有受限于行业的定义。[18] Shopify 的 CEO 托比·吕特克（Tobi Lütke）原本只是为了成立一家在线销售滑雪板的商店，而写了电子商务程序来实现它。在此过程中，他意识到软件本身将是一项更有

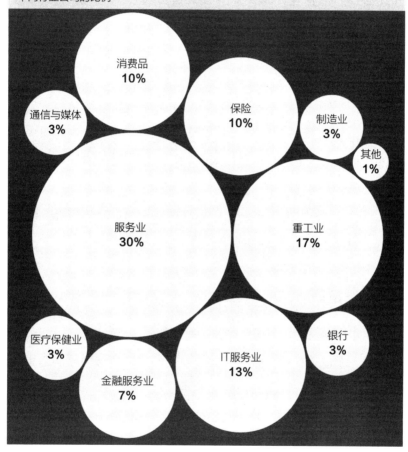

图6-2　同一个领域会涉及多个行业

居家领域
不同行业公司的比例

通信与媒体 **3%**

消费品 **10%**

保险 **10%**

制造业 **3%**

其他 **1%**

服务业 **30%**

重工业 **17%**

医疗保健业 **3%**

金融服务业 **7%**

IT服务业 **13%**

银行 **3%**

数据来源：　MIT CISR 2019 年高层管理团队和转型调查（*N*=1311）。受访者会被要求为其公司选择最主要的领域。不同领域的数据主要基于 MITCISR 2017 年生态系统调查（MIT CISR 2017 Ecosystem Survey，*N*=158）以及麦肯锡 12 种分类中的 10 种［来源为文卡特·阿特鲁里（Venkat Atluri），米克洛斯·迪茨（Miklós Dietz）和尼古拉斯·亨克（Nicolaus Henke）所撰写的"在无国界的行业世界中竞争"（Competing in a World of Sectors without Borders）一文，2017 年 7 月 12 日发表于《麦肯锡季刊》，其中数字内容与公共服务这两个分类在此处被省去了］。行业的划分是基于北美产业分类体系（NAICS）。

前途的事业。Shopify 的愿景看似简单：支持在线零售商的整个旅程，即建立品牌、创建在线形象、开设商店、销售、营销、管理，以及学习如何经营小型企业，或通过 Shopify 专家市场（Shopify Experts Marketplace）雇用经审查的自由职业者、代理机构。为了发展成为一站式解决方案提供商，Shopify 与软件工程师、设计师、营销人员、仓储企业、支付公司等合作。随着 Shopify 平台功能的增加以及电子商务服务份额的增长，该公司对交易数据的使用也越来越深入，对其进行分析识别其他客户需求。Shopify 目前占据美国零售电商行业销售额 10.3% 的份额，仅次于亚马逊。包括沃尔玛（Walmart）、亨氏（Heinz）和喜力（Heineken）在内的超过 100 万商家都在使用 Shopify，成就了其 41% 的年复合增长率。[19]

新组织将如何运作

要利用路径 4 成功完成转型，需要从第一天起就要关注从客户、运营和生态系统创造的价值。路径 4 上的转型既意味着重新起航，也意味着可以快速创造巨大的价值。

为了实现快速成功，数字化转型领导者要面临有关新组织如何运营的许多决策，包括：新组织的品牌如何定义、资源如何配置和如何管理？新组织是否会使用母公司提供的服务，如人力资源、法律、IT、营销，甚至一些现有的产品？它的目标客群是公司的现有客户，还是千禧一代或小型企业等新客户群？需要构建哪些关键的新能力？最重要的是，新组织会是一个独立的企业、公司的一个业务部门、合资企业还是其他模式？这就引出了最后一个问题。

如果新组织成功了，你会做什么

路径 4 上的举措旨在比原公司更快地改善客户体验和提高运营效率。与原公司相比，新组织会显著改善客户体验和提高运营效率，而新旧实体之间的差别最终会带来如何整合两个业务（业务、文化和系统）的难题。如果成功，那么路径 4 上成立的新组织是否应该继续单独运营，或许它会慢慢蚕食主营业务？传统业务的客户是否应该转移向新的实体？还是应该将新业务拆分出来，让其独立生存？在该组织成立之前就做这样的决定很有挑战，但这非常值得探讨。以下是我们看到的一些选项：

- 随着时间的推移，将客户从原公司转移到新组织，或者反向整合（例如，ING 于 1989 年推出 ING Direct，取得了巨大成功，然后于 2017 年将其更名为 ING，并将其整合到主营业务中）。
- 将新组织作为独立业务运营（例如，Climate FieldView、贸易透镜、Nequi）。
- 通过出售或 IPO（如 Domain）拆分新组织。

路径 4 上的转型举措不仅仅是一个创新项目。这是对公司未来盈利方式探索的一项重大投资。

在路径 4 上实施转型：贸易透镜和 Domain

现在让我们更深入地看一下在路径 4 上进行转型的两个例子。马士基是全球最大的运输和物流公司之一，与其战略合作伙伴 IBM 合作，成功开发了一个的平台——贸易透镜，通过促进信息共享和消除低效率为全球航运创造价值。澳大利亚的媒体集团费尔法克斯传媒（Fairfax Media）开发了 Domain 来帮助客户管理整个购房旅程。它最终进行了 IPO，作为一家上市公司独立运营，为费尔法克斯和其他相关公司创造了巨大的价值。

贸易透镜：改变全球航运的数据共享

A.P. 穆勒 – 马士基（A. P. Moller–Maersk）是一家在 130 个国家和地区开展业务的全球运输和物流公司，2021 年收入达到 620 亿美元。[20] 2017 年，马士基启动了数字化转型，从港到港的海运承运商转变为一家综合性物流公司。全球贸易数字化（Global Trade Digitization，GTD）这一数字化举措的目标是通过使用区块链技术，共享供应链相关的事件和贸易文件信息，解决海运承运人及其客户（即托运人和货运代理）的低效问题，从而创造价值。航运业非常分散，其特点是成本高、流程复杂、效率低、有延误和欺诈的风险，具有高度不确定性，还有数据安全问题和相关争议——经营环境艰难，对于规模较小的参与者更是如此。[21]

其中的一些挑战是因为该行业拥有众多的参与者和无数的点对点解决方案。行业的复杂性为生态系统解决方案（一站式解决方案）提供了绝佳机会，可以为客户管理所有集装箱信息及其他相关信息。[22] 马士基和 IBM 为生态系统参与者创建了一个基于区块链的平台，其中包含 API 层。这是针对行业问题的一项很好的解决方案，因为它能使每个人快速看到相同的信息，消除相同数据在多个系统中潜在的不一致和错误。

创建一个一站式解决方案需要进行重大的改变和试验。决策权的改变和组织变革这两大组织爆破是在路径 4 上获得成功的关键。马士基和战略合作伙伴 IBM 合作开发了该平台，并于 2018 年 12 月推出了名为贸易透镜的商业解决方案。一些公司担心加入该平台后，它们会与竞争对手共享有价值的数据。马士基成立了一个子公司 GTD Solution Inc. 帮助消除这一担忧，这个子公司和马士基一起推进区块链解决方案（一个扮演信任锚，一个则是渠道架构）。

GTD Solution Inc. 通过贸易透镜协作团队继续与 IBM 保持战略合作伙伴关系，两家公司就平台和生态系统的开发做出联合决策。贸易透镜定位为中立的平台，发展迅速。截至 2021 年 3 月，贸易透镜拥有 300 名生态系统参与者（高于 2020 年的 175 名），覆盖全球集装箱运输量的 50% 以上。[23] 截至 2022 年 3 月，已有超过 1 000 名参与者加入该平台，代表了全球 2/3 以上的运输业企业。[24]

贸易透镜平台从一开始就专注于创造所有三种价值，并为其安排了不同的优先级。其首要任务是通过将业务活动和交易文件数字化，借此从运营中创造新的价值。合作伙伴加入生态系统获得的价值是，通过提高业务活动透明度提高运营效率，并通过数字提单［由贸易透镜电子提单（eBL）解决方案］提供］降低成本。该公司会跟踪价值的捕获，其中包括直接和间接的效益（例如，减少营运资金要求、提高合规性）。至今的一个关键成果就是每张提单能创造 120 美元的净价值，而这主要来自于访问集装箱信息的便利性所带来的直接效益和间接效益。

　　第二个优先事项是通过合作从客户那里获取更多的价值。贸易透镜的客户数量和使用量正在增加。截至 2020 年 11 月，该平台通过三项数字产品［涉及其核心业务，以及两项与提单相关的应用程序（eBL 和一项针对贸易金融的应用程序）］吸引了约 100 名客户。2020 年 12 月，马士基的 CEO 施索仁（Søren Skou）表示："来年，我们将看到贸易透镜……［该合资企业］实际的收入增长，进入一个新的阶段，真正拥有可以出售的东西。"[25] 该平台还促使新客户，特别是小公司，加入了国际贸易的行列。[26]

　　对贸易透镜而言，眼前巨大的机遇是成为托运人（"货主"）的一站式解决方案提供商。2020 年，贸易透镜达到了一个重要里程碑：一家全球最大的海运承运商入驻了该平台。[27] 这些强大的合作伙伴可以影响其业务网络，助其发展生态系统。与此同时，GTD Solution Inc. 开始与内陆运输软件公司合作。该子公司的下一个目标是在贸易透镜生态系统中布局足够多的贸易融资机构和当地海关，并开发第三方市场。

　　为了从贸易透镜创造价值，GTD Solution Inc. 通过定义和连接三个层次（产品、平台和生态系统）开发了其平台思维。而这是一个关键的差异化因素。

- **产品**：创办企业最重要的是要打造具有商业可行性的产品。贸易透镜从一些有针对性的应用程序开始，出售数字化业务和贸易文件的访问权限，这直接为马士基及其客户创造了价值。GTD Solution Inc. 则专注于构建核心功能和创新。

- **平台**：贸易透镜力求提供最好的技术、数据和支持，包括开放

API（而不仅仅是电子数据传输）、区块链和用于安全性和透明度的许可结构，以及与现有系统的集成支持。

- **生态系统**：贸易透镜生态系统的成功取决于网络的发展。GTD Solution Inc. 专注于提供端到端的新型行业商业模式，而其他平台的范围则更局限。其业务活动包括增加可以扩大业务网络的强大的合作伙伴（如海运承运人）、创建客户咨询委员会，以及在行业标准方面进行合作。

贸易透镜在很短的时间内取得了巨大的成功。该公司目前追踪着全球一半的集装箱运输信息，因此它也正在慢慢在其产品中添加其他重要的补充服务，如贸易金融。随着贸易透镜生态系统达到临界值，它能从生态系统获取的价值潜力将是巨大的。

Domain：成为购房旅程的一站式解决方案提供商

Domain Group 是一家澳大利亚房地产媒体和技术服务企业，拥有一系列品牌。[28] 始于 20 世纪 90 年代末，作为费尔法克斯传媒（一家媒体集团）的纸媒和线上房地产分类广告子公司，Domain 最初是一家独立的公司，现已成为 Domain 集团旗下的一个品牌，是在整个房产生命周期中，连接消费者和房地产经纪人，为其提供信息、激发灵感的一站式解决方案提供商。其中的服务也包括合作伙伴提供的住房贷款、保险和住宅公用事业连接服务。

Domain 的成立是为了成为买家和代理商的一站式解决方案提供商。在路径 4 上，公司识别了购房旅程的 5 个步骤：种草、搜索、购买、入住和入住后。而这也定义了他们的客户领域，并在每个步骤上提供相应的服务。例如，在购买这步中，Domain 与 35 家抵押贷款提供商合作，为购房者提供抵押贷款的一站式服务。它还提供房屋财物保险和房东保险。Domain 如今已经非常成功，每个月能触达 2500 万澳大利亚客户中的 960 万。[29]

Domain 集团于 2017 年 11 月在澳大利亚证券交易所上市，在上市首日为大股东费尔法克斯传媒创造了 7.5 亿澳元（5 亿美元）的新增价值。对于成功采取路径 4 的母公司来说，这种拆分是一个有吸引力的策略，尽管这不是费尔法克斯传媒的最初目标。费尔法克斯传媒的前首席信息官罗宾·埃利奥特（Robyn Elliott）解释道："我们当初并没有立即决定将 Domain 拆分。我们只将其定义为可分离的。从技术角度看，你要创建战略选择，而不是让技术成为你战略的阻碍。"[30]

Domain 的数字化转型始于 2012 年。作为费尔法克斯传媒旗下众多子公司之一，它被视为费尔法克斯出版业务的分类广告市场的延伸。这意味着它与公司其他部门面临同样的要求，即提升运营效率和削减成本，而公司整体层面也正在努力应对媒体领域收入下降的问题。

尽管 Domain 帮助抵消了出版收入的下降，但它的客户增长速度缓慢，仍落后于行业领导者澳洲房地产集团（Real Estate Australia，REA）。保持竞争力需要大量投资，尤其是在技术基础设施方面。公司的管理委员会决定，Domain 应作为独立实体运营，以此加快发展并增强灵活性。由于 Domain 的"销售和客户文化"与其母公司的"编辑文化"有根本上的差异，因此创建一个实体让其独立运营是最合适的。

Domain 的转型之旅始于三种几乎同时发生的组织爆破——决策

权、组织变革和工作方式革新（见图 6-3，了解 Domain 如何处理组织爆破）。

公司重组使 Domain 成为费尔法克斯传媒内的一个独立的部门，与澳大利亚出版传媒（Australian Publishing Media）、数字化风险投资（Digital Ventures）和费尔法克斯广播电台（Fairfax Radio）等部门并列。新部门有自己的管理团队，其中包括新聘的富有创业精神的CEO 和首席技术官。他们共同协商决策本地的事宜，尤其是技术基础设施方面的决策。其目的是让 Domain 追求自己的战略，同时仍然为其母公司提供规模效益，并利用相关的集中化能力。

费尔法克斯传媒基于云的架构意味着成本是可变的，可以灵活地进行技术升级。Domain 没有依赖外部顾问，而是依靠费尔法克斯传媒提供的后台专业知识，如人力资源和内部审计。在工作方式革新方面，Domain 在很大程度上借鉴了其以销售为导向的文化。在几个月的时间里，这 200 人的团队就融入了数字产品的生命周期，使用边测试边学习的方法将新功能推向市场。Domain 的专职员工体验总监致力于培养团队形成有利于创新和进步的工作习惯。在接下来的五年里，这些新的工作方式使得 Domain 能够迅速将其销售、产品开发和技术团队规模扩大到大约 850 名员工。

有了正确的战略、架构、协议、资金、流程和工作习惯，Domain 就可以专注于其关键的差异化因素——平台思维。最初的目标是开发一种创新的、以移动为中心的客户解决方案，成为潜在购房者和房地产经纪人的一站式解决方案提供商。然而，随着 Domain 对其客户群（即消费者和代理商）有了更好的了解，它开始集中为家庭客户领

图6-3 Domain是如何实施组织爆破的

决策权

- 任命一个独立的执行团队，包括新聘任的CEO和CTO
- 赋予在本地战略、技术或规模化决策上有话语权

工作方式革新

- 推行一种与其母公司的出版和内容传统不同的销售文化
- 实施"边测试边学习"的方法，快速迭代数字产品生命周期
- 将消费者如何与产品互动的数据视为战略资产

平台思维

- 专注于整个购房旅程更广泛的生态系统
- 整合系统和重建平台，用微服务构建以移动为中心的解决方案，降低单位成本并鼓励即插即用的合作伙伴关系

组织变革

- 将新单位作为一个独立部门，借此加速其发展，同时赋予其访问公司后台系统、运用现有专业知识的权限
- 以拆分为目标进行设计，但不一定分开
- 最终从母公司拆分出来，并在澳大利亚证券交易所上市

资料来源：与公司高管的访谈；公司文件。

域创建一个更广泛的生态系统——从最初的种草到定居和搬迁后的整个购房旅程。为了实现这一目标，Domain 整合系统和重建平台，采取了利用微服务的更轻量级的专用技术。这种方法不仅降低了成本基数，而且提供了更大的灵活性，使生态系统合作伙伴能够在 Domain 的平台上即插即用，并激励开发团队与合作伙伴和客户一起试验，创建新的解决方案。Domain 也进行了一些收购，发展了一些生态系统合作伙伴关系，并且一直在寻找新的生态系统合作伙伴。在大约七年的时间里，Domain 从一家分类广告子公司转变为服务近 1 000 万客户的购房领域的一站式解决方案提供商。

领导者该集中精力做什么

沿着路径 4 成功领导转型的关键在于制衡。你需要初创公司的热情和动力，专注于客户领域（而不是传统行业）提供解决方案。这通常是一种颠覆性游戏，快速创建产品并获得客户认可，然后，随着时间的推移开发解决方案并引入合作伙伴提供互补产品和服务。母公司通常在形成可借鉴的商业案例、满足公司治理要求，以及进行多层审批和协调方面受到限制，而这也减慢了创新的速度。话又说回来，被大公司控制也有很多好处，如客户获取、数据使用、其他资源，以及像人力资源和技术等服务。

为了在这条道路上取得成功，领导者需要从第一天起就应对三项组织爆破：工作方式革新、组织变革 / 重新设计，以及澄清决策权

图6-4 路径4：领导者该集中精力做什么

组织爆破
- 🕊 决策权
- ✈ 平台思维
- ⚙ 工作方式革新
- ☡ 组织变革

价值
- ⚙ 运营
- 👤 客户
- ⬡ 生态系统

面向未来

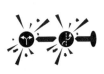

乱麻与
孤岛

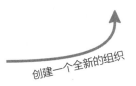

创建一个全新的组织

资料来源：以上行动顺序来自我们的定性研究。我们使用分层回归和 MIT CISR 2019
年高层管理团队和转型调查（N=1311）的数据来检验假设。

（见图 6-4）。然后，他们必须向技术生态系统赢家学习并培养平台思维。这些平台不会是完美的，需要重构，但平台思维会带来很大的不同。在成功的路径 4 的转型中，企业常常会超越当前的领导层，为新组织重新聘请 CEO。你需要一个创建过此类业务、渴望再次尝试且能够开发出一种面向未来的全新文化的人。与母公司的联系，可以通过管理团队的其他成员维系。

在路径 4 的举措中，尽早思考如何从运营、客户和生态系统这三个来源获取价值也很重要。同时从多个来源获取价值的需求以及这样做的能力，就是新型的、更加数字化的部门与老牌公司之间的巨大差异之一。仪表盘在路径 4 中尤其重要，因为在创造和获取价值方面会有大量的路线修正，而且团队通常足够小，能够相对较快地做出这些转变。

在本章以及前三章中，我们讨论了如何采用四条路径，实施面向未来的转型。在第七章中，我们将重点关注跨所有四条路径，成功实现数字化转型所需的领导力问题，包括董事会和高层领导团队的参与，以及讨论如何协调和管理多条路径。

第六章行动要点

前三个动作在各路径中是通用的。

1. *今天（以及每一天）向员工传达信息，明确指出公司正在专注于通过路径 1 的转型迎接未来的挑战。描绘公司未来的工作场景，并详细阐述实现目标的步骤，帮助员工理解他们在其中所扮演的角色。*

2. *收集初期成功的例子，无论在内部还是在外部，做广泛的分享。这些早期成功的指标有助于保持团队动力，推动团队的履约和进步，并减轻怀疑者的不利影响。*

3. *制订一个应对组织爆破的计划。*

4. *识别典型客户端到端的旅程，考虑如何减少客户在旅程上遭遇的摩擦，甚至为客户提供一站式解决方案，正如我们在贸易透镜和 Domain 中看到的那样。*

5. *作为贵公司继续实施路径 4 上的沟通计划的一部分，请强调新组织将为客户解决的特定问题，以及创建解决方案所需的工作和技术变化。*

6. *决定新组织的领导层——你可能需要到公司外部寻找创建新组织所需的专业知识。*

7. *数字化合作伙伴可以缩短产品和服务上市的时间并帮助公*

司更快地增加收入。[31]

8. 准备解决新组织和现有公司之间的冲突。新组织的投资可能高于现有公司，并且将以新的方式与面向未来的系统一起工作。员工与组织之间可能会产生摩擦。

9. 制定路径 4 上新组织的退出策略。

10. 确定并跟踪有关生态系统价值累计的指标。

11. 回顾贸易透镜和 Domain 所采取的方法，找出适用于贵公司文化的做法，并进行个性化调整。

第七章
引领变革

本书的主题是关于面向未来转型的。面向未来的公司能快速适应市场变化，在几乎任何环境中都能取得成功，并且在业务增长和利润方面都优于竞争对手。要取得最佳的业绩，就要采取四条路径中的一条或多条，并构建 10 种面向未来的能力。这些你已经在之前的案例中见过，我们将在本章中进行总结。此外，面向未来的公司将一路积累所有三种类型的价值——来自客户的价值、来自运营的价值和来自生态系统的价值。在本书的最后一章中，我们会重点关注领导力在实施面向未来的转型中的作用。领导者必须设定目标，传达信息，并让所有利益相关者（员工、客户、投资者、监管机构和其他所有人）相信公司能够实现目标，共同繁荣。这种信心是任何成功转型的基础。

高层管理团队

首先，我们看看高层管理团队在数字经济中赢得竞争所需的共同语言和看法。毫无疑问，商业的未来是数字化的。拥有一支了解数字化在公司中如何发挥作用的高层管理团队（Top Management Team，TMT）会产生巨大的影响。MIT CISR 的研究表明，高管团队具备这种认知 [我们将其称为"数字化悟性"（digital savvy）] 的大公司在收入增长和估值方面比其他公司高出 48% 以上。[1] TMT 处于数字化悟性前四分之一的公司与底部四分之一的公司相比，它们的转型进展显著，前者平均完成度为 69%，后者仅为 30%。如果 TMT 想开始培养数字化能力，就需要投入时间。成功的数字化转型需要整个 TMT（以及整个公司）的毅力。例如，在转型完成度超过 75% 的公司中，TMT 在转型上投入了至少 60% 的工作时间，这是一项巨大的承诺。正如施耐德电气公司（他们主要提供能源管理和工业自动化服务）的董事长兼 CEO 赵国华（Jean-Pascal Tricoire）告诉我们的那样："当每项业务都在成为数字化业务时，每个高管都要身先士卒，投身于数字化转型。在你的团队里，你最不希望看到的是，大家都认为数字化是别人的事情。"[2]

我们为所有希望成功实施数字化转型，并在数字时代取得最佳业绩的企业总结了以下几个 TMT 的行动要点。

1. 坦诚地讨论你的 TMT 中有多少人精通数字技术。[3] 对于 CEO、人力资源负责人和 CIO 来说，这是一个很好的联合起来教育

TMT 的机会。

2. 使得 TMT 将数字化转型作为其首要责任，并在相应的路径上投入时间、分配资源。确保 TMT 起到示范作用，并向公司其他成员传达工作重点。

3. 让公司其他成员一起参与这一激动人心的数字化旅程。为他们提供相关领域知识、在新领域工作和进行合作的机会。让大家准备好分享成功故事，并从行之有效的经验中吸取教训。

董事会的角色

董事会在公司成功实施数字化转型中发挥着关键作用。董事会成员往往年龄更大、经验更丰富，而且不太可能是数字原住民。但他们通常学习速度很快，了解快速提升数字化风险和机遇相关认知的必要性。董事会不会亲自领导数字化转型，但业务娴熟的董事会是转型中不可或缺的一部分，他们能促进变革，向 TMT 提出尖锐的问题，为团队提供激励、资源，并进行监督。以下是我们总结了董事会在成功转型中的作用。[4]

评估放弃追求机会的风险与拥抱变革所带来的风险

数字化改变了一切。具有数字化业务经验的董事会成员是一种新型的差异化因素。但大多数董事会没有这种经验。那么，高管和董事会主席如何帮助董事会在这一领域有所成长呢？

董事会需要帮助监督和指导公司进行转型，为未来做好准备。董事会需要了解公司何时应致力于采取一系列行动、何时应尝试各种替代方案，以及何时应通过合作获得关键资源和知识。并且，他们应该了解数字化举措在公司范围内推进时，成功与否的早期迹象。这些技能对于董事会至关重要，特别是当其要在数字化领域扮演一定领导角色时，即董事会要在管理团队提出和执行转型时，向他们提出正确的问题。

董事会不能依赖单一董事会成员来实现对这一事项的理解。我们发现，只有三名或三名以上董事会成员对数字化有认知，公司才能取得优异的业绩。

为了帮助董事会管理数字化和转型相关的讨论和议程，我们针对董事会必须应对的关键范畴（战略、监督和防御）制定了一个框架。

- **战略**——识别数字化给公司现有商业模式带来的机遇和挑战，以及公司未来如何取得成功。

- **监督**——确保主要的数字化转型、项目和技术支出合理得当。

- **防御**——保护公司免受网络和其他风险，包括系统崩溃的影响，并确保数据隐私和合规性。

为了有效地解决每个范畴的问题，董事会特别是其主席，必须设计董事会议程、发动董事会参与，并为其提供所需的时间和资源。

美国信安金融集团：在董事会中打造数字化焦点

美国信安金融集团（Principal Financial Group）为世界各地的居民、企业和各类机构，提供退休、保险和资产管理解决方案，让他们的未来"拥有足够的资金、储备充沛的财力、具备实足的保障"。美国信安金融集团（以下简称"信安"）拥有超过 3 400 万客户，旗下管理的资产规模达 8 070 亿美元。[5]

大约 10 年前，数字化战略已成为信安董事会的例行话题。CEO和董事会责成 CIO 领导公司战略，推动技术融入公司的业务战略。

帮助董事会精通数字化（从而能够理解问题并对转型进行必要的监督）需要综合考虑议程设置、沟通话术、认知提升、问题分解和正式的架构。

议程设置和沟通话术

自从信安董事会开始推行数字化战略以来，其议程就包括技术主题，在有关战略、监督和防御的演示和讨论中都会涉及。信安前 CIO加里·肖尔滕（Gary Scholten）估计，超过 50% 的技术相关主题涉及战略范畴，其中约 15% 涉及监督，35% 涉及防御。

以战略为导向的主题涵盖了：技术之于战略的意义、以技术为中心的演示、对董事会成员的知识普及，以及预算安排。监督主题包括审查预算分配和转型项目的进展。防御主题纳入了网络安全更新，包括指标、监控和趋势。

超过 50% 的技术相关的议程都在讨论战略问题，信安董事会的重点很明确：数字化如何帮助信安在未来 10 年取得更好的表现。用协调一致的架构和话术来讨论和确定数字化战略的优先顺序至关重要，这可以防止董事会成员讨论时各说各话。

信安采用了一些关键框架，在不同的场合应用和复用，使讨论更富有成效、更高效。所使用的框架本身并不重要，重要的是选择一个对公司有意义并且能被复用的框架，将其成为决策和后续行动的基础。

认知提升和问题分解

以一种有吸引力且不会引起焦虑的方式，对董事会和执行委员会成员进行数字化教育，是关键。除了让那些数字化经验较少的人达到基础水平，教育还有助于使成员转向更常见的思维模式，了解如何将数字化能力应用于业务并监督转型的实施。

在教育环节，信安聘请了外部专家、金融科技创业者，以及内部技术和数据专家。CEO 和 CIO 组织执行委员会沉浸式体验数字化旅程，帮助大家对数字原生企业之间的竞争方式达成共识。除了执行委员会参与辩论本身所创造的价值，随后的汇报也能使董事会更加笃定，执行团队已经做好了准备，应对数字化转型给行业带来的巨大变化。

正式的架构和决策

2015 年，信安成立了数字化战略委员会。该委员会由业务高管、相应部门的 CIO 和 CMO 组成，并由公司 CIO 担任主席。该委员会负责创建一个通用框架来实施数字化战略。它也确定了将该战略应用在业务部门和公司的哪些方面。

随着我们迅速进入数字时代，董事会必须调整他们对公司所做贡献的重点。董事会能够通过支持高级管理团队、推动公司深入思考商业模式中的潜在风险，以及监控转型进程，为数字业务的成功转型做出积极贡献。许多现有的董事会成员都没有数字化背景，但我们遇到的大多数董事会成员都会非常积极地学习和做出改变。帮助这些董事会成员不仅是董事长和 CEO 的责任，也是公司每位成员的责任。而且这是有回报的。

领导者千万不能犯错的事情

一旦 TMT 深入了解数字化创造的竞争机会并承诺投入时间实施转型时，他们就可以开始了。为了帮助领导者梳理转型之旅上的优先事项，我们在第一章中总结了他们千万不能犯错的事情（见图 7-1）。在第二章到第六章中，我们描述了四条路径和相应的组织爆破。在本章中，我们将专注于价值的创造和获取，以及领导团队的作用。

以下是领导者在"面向未来"之旅上要取得成功所必须采取的行动：

- 激发强烈的使命感
- 开辟实施路径
- 预判组织爆破
- 打造团队能力
- 积累转型价值

接下来，让我们深入了解一下每一项行动。

激发强烈的使命感

为了使数字化战略真正发挥价值并与利益相关者产生共鸣，公司使命是关键。公司使命不仅能让你们找到属于自己的面向未来的战略，而且能帮助你的员工在此过程中做出判断和权衡。你们所做的决定有助于达成使命吗？对领导者而言，这确实是一个值得深思的问

图7-1 面向未来的旅程

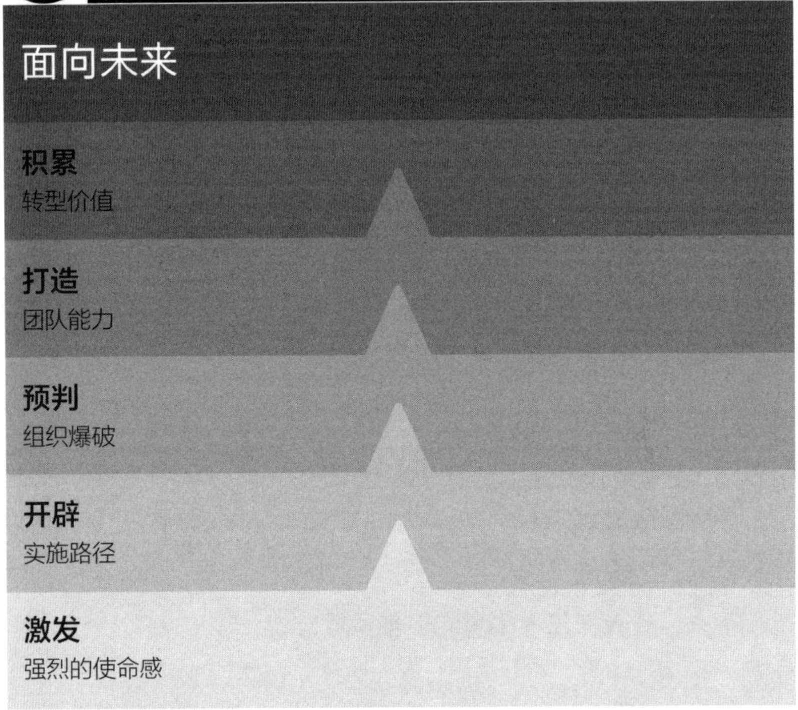

面向未来

积累
转型价值

打造
团队能力

预判
组织爆破

开辟
实施路径

激发
强烈的使命感

题，特别是在充满不确定性的时刻，这个问题的重要性更为凸显。以下是我们所敬仰的一些企业的使命宣言。

- 标准银行集团（Standard Bank Group，非洲最大的银行）："非洲是我们的家园，我们推动她的发展（Africa is our home and we drive her growth）。"[6] 这一使命将来自非洲 20 个国家的银行职员团结在一起。这些员工经常在研讨会和其他场合被问及他们正在讨论的决策如何帮助实现自己的使命。这一使命促成了标准银行集团在目标领域（包括健康、贸易、贸易商、家庭和教育）"为生态系统提供银行服务"和"成为生态系统驱动者"的愿景。

- 科利耳（Cochlear，植入式听力解决方案的全球领导者）："我们帮助人们聆听声音的同时被聆听（We help people hear and be heard）。"[7] 科利耳的动力来自创造新的价值，包括加强与佩戴者的直接关系，服务于人工耳蜗潜在佩戴者、佩戴者、临床医生、推荐人和参与者等组成的生态系统。这个使命指导着他们的行动。

- 施耐德电气（一家专注于可持续发展和效率的能源和自动化数字解决方案公司）："赋能所有人对能源和资源的最大化利用"（Empower all to make the most of our energy and resources），也被称为"善用其效，尽享其能"（Life Is On）。[8] 这一使命助其推动了基于电气可持续发展和数字化效率的新型商业模式，并跻身 2021 年全球最具可持续发展企业的行列。[9]

- 利乐公司（全球食品加工和包装解决方案公司）："我们致力

于让安全的食品随处可得（We commit to making food safe and available，everywhere）。"[10] 这一使命助推了利乐的转型，从运营中创造价值出发，然后是客户，最近又实现了从生态系统中创造价值。

- 星展银行（总部位于新加坡，在亚洲开展业务的银行）："让银行服务为你带来喜悦（Making Banking Joyful）。"[11] 这一使命促使星展银行成功转型成为"世界最领先的银行"，并在大约10年的时间里从客户体验的末位变为世界第一。

- 贸易透镜（TradeLens，马士基旗下一家全球航运平台）："助力全球供应链实现数字化飞跃（Digitizing the global supply chain）。"[12] 这一使命推动贸易透镜通过更好的信息共享、更高的透明度，以及更为简化、自动化的流程，改善各方的贸易体验。

- 信安金融集团（Principal Financial Group，一家提供退休金、保险和资产管理解决方案的美国金融服务公司）："为你提供实现美好生活所需的金融工具、资源和信息（To give you the financial tools，resources and information you need to live your best life）。"[13] 这一使命指导着信安实施数字化战略，帮助个人、企业和机构管理金融资产。

- 车美仕（CarMax，美国最大的二手车零售商和汽车行业的颠覆者）："通过每次互动中的诚实和透明推动商业诚信（To drive integrity by being honest and transparent in every interaction）。"[14] 这一使命是车美仕重塑二手车购买体验所做的所有努力的基础。

在你的公司中，你是否有类似的、令人信服的使命来指导业务决策呢？

开辟实施路径

为了摆脱孤岛与乱麻，实现面向未来的转型，每家公司都必须选择自己的路径。若路径不清，结果也会令人沮丧。我们曾和一家大型上市公司举办了一场令人难忘的研讨会。我们与公司 CEO 和 12 位高层管理人员分享了本书中的实施框架。我们要求所有参与者选出他们正在走哪条道路，以及距离完成大约还有多远。大家的回答一经展现在大屏幕上，顿时引起了一片唏嘘声。13 名参与者竟然有 7 种不同的答案！参与者几乎用到了所有路径组合，但完成百分比存在很大差异。紧接着是一场非常有帮助且十分深入的对话，我们讨论了业务的不同部分是如何在不同的未经协调的路径上运作的。在下一个问题中，我们问大家，公司应该采取哪些路径，这次结果就趋于一致了。并非每个人都有相同的答案，但结果更加集中。经过多次讨论之后，大家一致认为公司应该采取路径 3，同时结合路径 4 作为独立运作的生态系统。

为了强调一以贯之，让我们回顾一下在图 2-2 中的结果。与向董事会当初提出的设想相比，选择多条路径但协调得当的公司的平均转型完成度为 59%。但如果协调得不好，完成度只能达到 30%。原因很容易理解。若采取了多条路径，但协调得不好，同一个公司的不同业务会朝着不同的目标使劲，总是重新发明轮子，而不是有效地相互学习或复用它们已经构建的能力。另外，最重要的是，客户会因为面对多种（未集成的）产品而感到困惑，而员工也会难以应对因此而来的复杂性。虽然在路径上达成一致并不容易，但选择多条路径会导致管理转型变得更具挑战性。

如果你的公司确实需要采取多条路径实施转型，请回想一下我们在书中描述的案例。哪个对你更有吸引力？回顾一下它们所做的事情，看看你能从它们身上学到什么。

预判组织爆破

我们最常被问及的一个问题是：如何改变文化才能适应面向未来的转型。关于文化变革有很多优秀的（或者不那么优秀的）文献，我们作为组织话题的学生，很享受阅读它们的过程。但当我们与在思考自身文化的公司合作时，我们的建议会很务实。不要尝试去生硬地去改变文化——这是一项多层次、有政治色彩、长期且复杂的投入。对TMT来说，能就企业文化现状达成一致，并对未来的文化进行设计，就已经是一项重大的工作了。改变文化很难作为一个独立的目标来实现。相反，我们建议你专注于管理四类组织爆破。当人们改变他们的思维方式和工作方式，即改变他们的习惯时，文化就会产生改变。如果你能有效地管理这四类组织爆破，转型期间的企业文化就会随之发生变化。而这种文化变革也会反过来夯实你的转型。

以下是四类组织爆破的简单总结。在你阅读时，请思考，当你面对组织爆破时，应对得怎么样。在第二章中，我们提供了评估的维度和基准，以便你了解自己管理组织爆破的效率。

- **决策权**：这类组织爆破是关于确定合适的人来领导关键决策。

一些关键决策包括澄清谁决定做什么、谁决定如何做、确定数字化支出的优先顺序、确定公司中的哪些团队可以向客户提供新型的数字产品，以及就工作团队可以做出的决定达成共识（例如，评估你的公司能承受的风险水平）。

- **工作方式革新**：数字化带来了新的工作方式，如敏捷方法、基于证据的决策，以及运用边测试边学习的方式向客户提供的最小可行性产品。新的工作方式会改变集体的工作习惯，有助于转变文化，推进数字化转型。

- **平台思维**：具有平台思维的公司会创建平台并进行复用，将其"皇冠上的明珠"（核心能力）转化为数字化服务、打穿组织孤岛、共享数据，并使流程标准化。

- **组织变革**：在大多数转型中，领导者或早或晚都会意识到他们的组织方式无法支撑实现公司的抱负。此时，公司通常会进行某种组织变革，这通常是为了整合孤岛并加强整个公司的协作，借此实现更好的客户体验和更高效的运营。

我们建议你回顾第三章至第六章中的利乐、西麦斯、荷兰皇家电信和 Domain 的案例。你会发现一些管理组织爆破的好主意，以及它们正确实施爆破的激励细节。

打造团队能力

一个重要且影响深远的事项是在整个公司打造 10 项面向未来的能力，包括董事会和高层管理团队在内的所有人都要培养这些能力。这些能力有助于实现面向未来的转向，并维持竞争优势。这不是一项一劳永逸的举措，而是一项持续的投入，需要领导力、使命、目标、评价指标、预算、新方法和毅力。

在第一章中，我们介绍了面向未来的能力。这些能力可以帮助你实现转型并积累新的数字价值。我们将这些能力视为你的公司将"如何"创造价值的方式。我们知道，专注于打造这10项能力是推动公司实现面向未来的转型，提高业绩的最合适、最简洁的方法。[15] 我们按照这10项能力最重要的数字价值类型进行了分类，并梳理出了4项基础能力，而这4项能力对所有价值类型都是通用的。

面向未来的能力之从运营中创造价值

变得模块化、开放、敏捷

一家面向未来的公司会创建模块化的数字服务，优化运营、设计和创造新产品。为了以低成本持续创新，公司必须利用自身优势（它们"皇冠上的明珠"）并将其转变为模块化、数字化的服务。然后，这些服务可以像乐高积木一样被组合、重组成许多不同的数字产品，通过直接渠道或合作伙伴进行销售和交付。

努力实现双元性

为了在未来几十年维持竞争优势，企业必须依赖创新在吸引客户和取悦客户的同时，通过现成的技术（例如云计算或API，通常还会结合敏捷的方法，边测试边学习）降低成本。一方面，公司每年都在不懈地降低成本；另一方面，它们不断创新，寻找更新的、更好的方法来做每件事。面向未来的公司会摸索出一种降低成本和创新的节奏，使它们成为表现最好的公司。

面向未来的能力之从客户中创造价值

提供出色的综合产品体验

为了不断地取悦客户，面向未来的公司会将其众多产品集成到无缝衔接的综合产品中，这通常是一种多渠道的客户体验，反映了典型的客户旅程。无论客户选择哪种渠道都能获得良好的体验，公司会致力于满足客户的需求而不是推销产品。这需要消除（或至少隐藏）许多公司中现存于产品或部门间的孤岛。

以使命为导向

如今的领导者、客户、员工、投资者和合作伙伴的诉求已经不再满足于股东财富最大化。我们从标准银行集团的使命"非洲是我们的家园，我们推动她的发展"中看到了这种力量，这是一种银行内外统一的使命。确立一个明确的使命，将大家团结在一起，这不仅能让大家感受到自己的价值，还能鼓励他们追求卓越。这样的使命就像是面向未来转型的旅程中的北极星。

面向未来的能力之从生态系统中创造价值

领导或参与生态系统

面向未来的公司也是面向生态系统的（无论它们是领导还是参与生态系统，或者二者兼而有之），并会与各种合作伙伴进行数字化合作。引领生态系统的公司（我们将其称为生态系统驱动者）会为客户提供一站式解决方案，并与其他公司合作提供选择多样但精挑细选过的产品。参与生态系统的公司（我们将其称为模块化的生产商）提供的是可以轻松接入这些生态系统的数字产品。我们发现，在生态系统中运营的公司增长更快，盈利能力更强。[16]

追求动态（和数字化）的合作伙伴关系

在数字时代，增长最快的公司通过数字化合作扩大影响力和规模。他们与一些公司合作以吸引新客户，并与其他公司合作来丰富现有的产品范围。这种合作不是传统的建立在紧密流程上的战略性、排他性的合作。相反，大部分数字化合作都是通过 API 实现自动化和无缝衔接的，底层的基础是在计算机之间实现数据、交易和洞察的共享。[17]亚马逊、贝宝和 Climate 是通过数字化合作推动增长的专业玩家。

面向未来的能力之创造价值的基础

将数据视为战略资产

多年来，我们一直认为数据将成为一种战略资产——作为单一事实的来源，并由一套（在道德使用的基础上的）数据货币化的能力做支撑，易于访问，并能应用于做出基于证据的决策。为了更接近这一理想状态，面向未来的公司会不断标准化、整理和简化数据，以及学习如何实现数据的货币化。它们会通过数据挖掘来发现新功能和更好的体验，以此优化内部流程、改进产品，或者直接出售数据。[18]

培养并遴选合适的人才

要使劳动力面向未来，这就需要领导者为他们配备所需的技术，并赋予他们充分利用这些工具的责任和能力（即技能和协作文化）。随着公司开始应用敏捷方法、数据分析、机器人、人工智能和其他数字技术和方法，他们对员工的要求正在发生变化。虽然确保员工拥有适合其角色的技能很重要，但赋予员工协作解决复杂问题的能力也同样重要。[19] BBVA 是一家总部位于马德里的全球金融集团，它是一家明确围绕其面向未来的战略目标来培养和遴选人才的公司。2014年2月，BBVA 成立了一家名为 BBVA Data & Analytics（D&A）的子公司。BBVA 的领导者很快意识到 D&A 的技术和分析能力可以：①改进内部运营，产生巨大的财务价值；②为其数字产品创造有价值的新功能和客户体验，而这也是银行转型工作的关键。BBVA 培养当代数据科学人才的战略，结合了招聘、内部发展计划和对工具的投入。[20]

将个人和团队行为与公司目标联系起来

面向未来的公司的显著特征之一是，他们的领导风格已经从"命令和控制型"转变为"指导和沟通型"，即以责任感引导员工，而不是告诉他们该做什么。将个人和团队行为与公司目标明确联系起来，这也会有助于员工的决策。许多像星展银行这样的公司会将公司的战略仪表盘与新的关键绩效指标（KPI）和激励模型联系起来。星展银行在集团计分卡中减少了对传统 KPI（如可持续增长和最佳银行）的关注，而在"让银行业务为你带来喜悦"上增加了20%的权重。其KPI 之一就是来自线上客户的收入。集团层面的计分卡则为每位员工可以如何做出贡献提供了指引。[21]

促进整个公司的快速学习

鉴于未来本身是不确定的，要做到面向未来就需要快速的学习和适应。向数字原生的公司学习，如今的公司正在采用更加数字化的工作方式，包括组建多功能的敏捷团队、使用边测试边学习的方法、依靠基于证据的决策，以及通过构建平台摆脱孤岛与乱麻的状态。面向未来的公司会借助迭代的工作方式，来认真探索新的想法、识别机会、努力创造价值，然后在整个公司推广学习。[22] 它们通过将快速学习与传统优势（例如庞大的客户基数、惊人的数据以及了解行业和关键业务流程的人员）相结合来创造价值。

在这面向未来的 10 项能力上，处于孤岛与乱麻状态的公司（即努力应对技术、流程和数据的复杂环境，通常是产品驱动而非以客户为中心的公司）和完成面向未来转型旅程的公司之间的差异是显而易见的（见图 7-2）。当你的公司在数字化转型的路径上前进时，别忘了打造和强化这些能力。它们是帮助你的公司获取价值的关键。能力建设，刻不容缓。请仔细观察图 7-2 中的条目，确定你公司的优势和劣势，也许可以选择最优先的三项来重点关注。

积累转型价值

现在，我们已经梳理了图 7-1 中除积累和跟踪价值之外的所有组成部分。我们认为积累价值就是数字化转型的意义所在。在本书中，我们描述了企业在转型过程中获取价值的三种途径。[23]

- 从运营获取的价值——该类价值来自提效、降本、提速和复用。
- 从客户获取的价值——该类价值来自取悦客户，体现在每个客户带来更多的收入，包括从新产品中获得更多的收入以及提升客户黏性。
- 从生态系统获取的价值——你的公司通过增加来自生态系统的收入、来自合作伙伴的收入以及从生态系统收集更多的数据，从而获得这种价值。

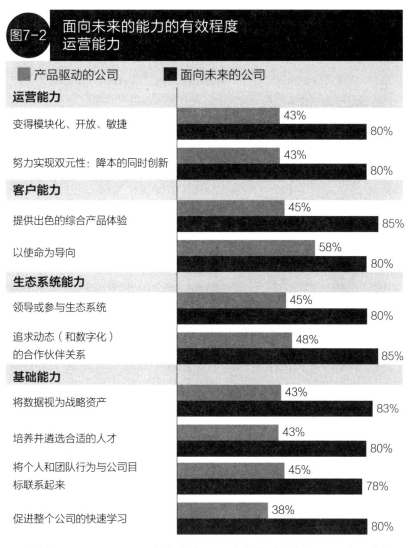

图7-2　面向未来的能力的有效程度　运营能力

■ 产品驱动的公司　　■ 面向未来的公司

运营能力

变得模块化、开放、敏捷　43%　80%

努力实现双元性：降本的同时创新　43%　80%

客户能力

提供出色的综合产品体验　45%　85%

以使命为导向　58%　80%

生态系统能力

领导或参与生态系统　45%　80%

追求动态（和数字化）的合作伙伴关系　48%　85%

基础能力

将数据视为战略资产　43%　83%

培养并遴选合适的人才　43%　80%

将个人和团队行为与公司目标联系起来　45%　78%

促进整个公司的快速学习　38%　80%

资料来源：MIT CISR 2019 年高层管理团队和转型调查（N=1311）。差异显著（$p<0.05$）。

随着公司沿着各自的路径实施面向未来的转型，他们会捕获这三种类型的价值。

首先要关注什么

在实施面向未来的战略转型时，最重要的任务之一是随着时间的推移积累和跟踪价值。首先，我们已经梳理了每条路径上的领导者在价值创造和四类组织爆破中必须首先关注的内容（图 7-3 列出了在不同路径上，应当首先关注哪种组织爆破以及哪种类型的价值）。实施转型会涉及大量的因素，因此聚焦就显得非常重要。

在所有路径中，首先要关注的是决策权，即确定谁可以做出关键决策，然后让这些人承担责任。改变少数关键决定的决策权，如由谁决定技术投入，就能使公司沿着其选择的路径前进。

对于路径 1，关注决策权之后是创建平台思维。路径 1 上首要的价值来自运营。对于路径 2，继决策权之后，工作方式革新是下一个需要关注的组织爆破。从客户获取的价值是最先出现的。对于路径 3 来说，分配决策权更为重要。在客户体验和运营效率之间来回切换，会给决策者带来真正的压力，而且随着时间的推移，这将是最重要的组织爆破。当你采用路径 3 前进时，从客户创造的价值和从运营创造的价值在早期会同样显著。对于路径 4，决策权之后最重要的组织爆破是组织变革，因为你正在设计一个数字原生的组织，它不受限于现有的组织孤岛，并且可以高度敏捷地进行运营。最重要的决定之一是

图7-3	每条路径的初始焦点		
路径	组织爆破		价值
路径1	决策权	平台思维	运营
路径2	决策权	工作方式革新	客户
路径3	决策权		客户 运营
路径4	决策权	组织变革	生态系统

资料来源：以上行动顺序来自我们的定性研究。我们使用分层回归和 MIT CISR 2019 年高层管理团队和转型调查（$N=1311$）的数据来检验我们的假设，即决策权是要首先处理的组织爆破。

判断母公司的资源哪些能用、哪些不能用。当然，这时从运营创造的价值和从客户创造的价值都很重要，但大多数在路径4上的公司创造的价值主要来自生态系统，特别是通过与其他公司合作，无缝地引入客户以及互补的产品和服务。

用仪表盘跟踪你的转型

对于大型组织进行数字化转型这样具有高度不确定性的举措，了解自己所处的位置与搞清自己将去往何处同样重要。要了解自己所处的位置，需要两类重要的价值衡量指标：①面向未来的公司在数字时代蓬勃发展所需能力的有效性（"如何做"）；②转型成功的指标（"做什么"），如转型完成度和价值获取进度。用于了解自己所处位置的最有效的工具是实时仪表盘。

在我们对1 000多家公司的分析中，那些在仪表盘方面做得更好的公司在大多数其他重要指标上也表现得更好，包括创新、增长和相对于行业的利润（见图7-4）。结果不言而喻，这也是为什么我们要通过讲解仪表盘完结本书。仪表盘之所以有效有很多原因，但也许最重要的是，每个人都可以了解公司如何根据商定的指标进行决策，并在必要时共同努力进行修正。

我们建议有效的仪表盘要实现监控数字化价值的两个方面：

- 获取到了什么价值，并能随时跟踪。
- 发展组织和个人面向未来的能力是如何创造价值的。

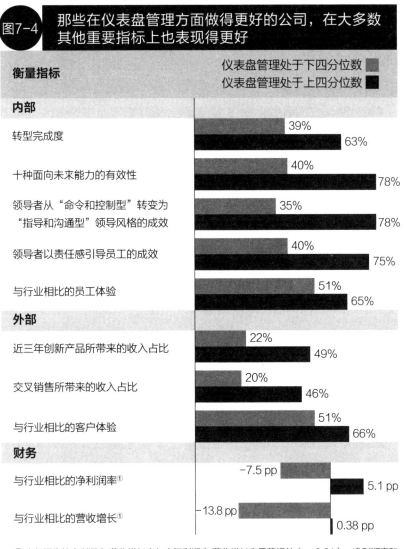

图7-4 那些在仪表盘管理方面做得更好的公司，在大多数其他重要指标上也表现得更好

衡量指标

仪表盘管理处于下四分位数 ▉
仪表盘管理处于上四分位数 ▉

内部

转型完成度
39%
63%

十种面向未来能力的有效性
40%
78%

领导者从"命令和控制型"转变为"指导和沟通型"领导风格的成效
35%
78%

领导者以责任感引导员工的成效
40%
75%

与行业相比的员工体验
51%
65%

外部

近三年创新产品所带来的收入占比
22%
49%

交叉销售所带来的收入占比
20%
46%

与行业相比的客户体验
51%
66%

财务

与行业相比的净利润率①
-7.5 pp
5.1 pp

与行业相比的营收增长①
-13.8 pp
0.38 pp

① 自行报告的净利润率/营收增长率与实际利润率/营收增长率显著相关（p<0.01）。净利润率和营收增长是与行业平均值进行比较的，并且进行了5%的去极值处理以剔除异常值。

资料来源：MIT CISR 2019 年高层管理团队和转型调查（N=1311）。

内容和方式相结合，推动实施面向未来的转型。施耐德电气在该公司创建的名为"数字飞轮"（Digital Flywheel）的仪表盘中跟踪这两方面。

施耐德电气通过数字飞轮追踪价值创造

施耐德电气是一家年营收 289 亿欧元的公司，为能源管理和工业自动化提供数字解决方案。[24] 在过去的 10 年中，施耐德电气已经从能源相关产品的销售商转型为提供能效服务的数字领导者。

对施耐德电气及其客户而言，电气化的可持续发展与数字化工具的效率提升相结合，提供了创造全新价值的巨大潜力。为了实施这一战略，施耐德创建了 EcoStruxure，这是一个基于物联网、即插即用、开放式的系统，以"能源效率即服务"（energy efficiency as a service）的形式为建筑物、工厂、数据中心等提供服务。EcoStruxure 系统将数据转化为可操作的情报，通过从客户现场的施耐德电气产品收集的结构化（来自传感器）和非结构化（来自维护人员完成的日志）数据进行分析。系统会产生一组实时指令，并将其发送回客户现场。EcoStruxure 及其相关功能使施耐德电气从单纯的销售产品转向销售更多的服务和软件。这些数字化的解决方案为客户现场带来了巨大的改变。例如，采用施耐德电气能源效率解决方案的公司反馈，能源消耗减少了 30%。

在大型组织中实现这一转变需要让每个人都能理解组织的目标、指标、业务逻辑，以及它们是如何结合在一起的。对施耐德电气来说，数字飞轮实现了这一点，为团队提供指引、推动转型实施。

施耐德电气最开始将其仪表盘描述为"数字晴雨表"（digital barometer），用于衡量数字化转型创造的价值。但很快，高层领导意识到需要更多的功能，即展示如何创造价值（包括销售）的业务逻辑，借此帮助内部和外部利益相关者理解为什么特定指标很重要。"数字飞轮"顺应而生，它会展示并跟踪如何通过数字化创造价值。数字飞轮有四个关键组件，也代表了 EcoStruxure 系统的四个部分。

- **可联网的产品**：建筑物中所有与能源相关的系统和设备，包括供暖和制冷系统、通风和恒温器，通过这些产品获取数据、进行分析，并接收指令采取行动。

- **边缘控制**：一个软件和监控解决方案层，使公司能够协调和管理联网的产品。

- **数字化和软件**：智能分析和软件层，可实时执行分析并生成能效管控仪表盘上的数据。除了施耐德自己可联网的产品，该软件还可以管理竞争对手和其他互补的物理产品。对产品生成的数据进行分析，识别客户需求和市场机会。

- **现场服务团队**：施耐德产品和服务的实施团队。

通过跟踪数字飞轮的四个组件，施耐德电气能获取各个部分单独和组合的财务表现。但与之同样重要的是，它展示了这四个组成部分是如何协同工作，为公司创造更高的价值和销售额，并为客户创造价值的（这通常以能源效率的提升来衡量）。通过 EcoStruxure 产生的收入占公司总营收的比例已从 2016 年刚推出时的很小比例增长到 2021 年的 50%[25]。这是行业领先的成就，也是施耐德电气从以销售产品为主转向同时销售产品和服务的具体例证。[26]

通过五个经验教训有效地使用仪表盘

施耐德电气对数字飞轮的使用改变了公司的管理方式。我们研究了该公司数字飞轮的开发和使用情况，并得出以下五个经验教训。

1. **结合"做什么"和"怎么做"。** 在创建数字飞轮的过程中，施耐德电气经过多轮迭代才得出有效的版本。数字飞轮之所以引人注目，是因为它将公司应衡量的指标与价值创造的业务逻辑结合了起来。

2. **坚持。** 在公司层面推广和使用仪表盘需要时间。与大多数成功使用仪表盘的公司一样，施耐德电气也经历过人们的抵制。最终，公司高管就业务成功驱动因素的通用定义和指标达成了共识。一旦达成共识，人们就可以将仪表盘作为工具来了解自己的团队是如何运作的，并与其他团队的绩效相结合。

3. **使用仪表盘来管理公司。** 在施耐德电气，CEO 赵国华在与每位业务负责人的季度会中都会使用数字飞轮。会议的讨论通常会先讨论表现良好的事项，然后转向需要额外关注的领域。数字飞轮提供了一种可供整个公司使用的通用语言，甚至可供董事会在他们的数字化转型小组使用。最近，施耐德电气在投资者关系中演示了数字飞轮，借此展示数字化和服务是如何结合起来创建引人注目的愿景主张的。

4. **向整个公司传达如何使用仪表盘。** 让整个大公司有效地使用仪表盘需要广泛、一致的沟通。为了向 13.5 万名员工传达这一信息，施耐德电气采用了多种方式。一种有效的方法就是每月发布一份专注于数字飞轮的时事通讯。最近一期有题为"飞轮数据的背后"（Behind the Data in the Flywheel）一文，采访了施耐德电气的一位高级管理人员，解释了不同类型的客户流失以及采取哪些措施可以最大限度地减少客户流失。其目标不仅是进一步利用飞轮，还是帮助公司提升业绩。

5. **具有自动化向下深挖的功能。** 随着仪表盘越来越接近共享实时数据，并增加了深入了解业务和运营部门的功能，它将在公司决策制定中变得更加有效和有用，优化发展路径也会更加容易。在施耐德电气，大部分数据都是实时的，仪表盘可以用于分析数据源，并根据地理位置、业务范围等选项向下深挖数据。

仪表盘与许多其他数字化项目一样，追求完美是取得进展的敌人。在创建仪表盘的前几轮中，数据不会是完美的，甚至不会达成一致。更具挑战性的是，要改变公司使用通用仪表盘（而非本地数据）的习惯。此外，通过实时仪表盘改变管理评审的方式需要时间和强化。但也许最具挑战性和最重要的工作是，阐明公司如何创造和获取价值的业务逻辑。将业务逻辑包含在仪表盘中能表明领导层确实投入了足够的时间和经验来理解数字化将如何为公司创造新价值。在仪表盘方面做得不错的公司，通常最开始仅仅是使用该工具来衡量和纠正数字化业务转型的表现，但最终仪表盘会成为经营业务的方式。

构建你的仪表盘

在本节中，我们会介绍仪表盘的入门套件。我们的仪表盘旨在为公司内的每位成员展示目标的完成度，并与其他公司进行对比。仪表盘由以下三个重要部分组成：

- 跟踪随时间的推移创造的三种价值（创造了哪些价值）。评估这些价值，并进行必要的投资和迭代，这样才能获得有意义的结果。

- 评估你用于推动价值创造的 10 项面向未来的能力（如何创造价值）。

- 将你公司的表现与处在转型同一阶段公司的平均水平进行比较。与其他公司相比，你的公司是否取得了足够的进步？

创建仪表盘有四个步骤。我们建议你从多方获取相关数据，并对他们的回答进行平均，以此作为整个公司的得分，并查看公司不同部门之间的差异。请你做好准备，因为取数本身就会是一项挑战。评估价值（展示的具体内容）需要深入了解你的公司是如何赚钱的。

1. 确定公司转型的进度（见图 7–5a）。我们为转型的三个阶段提供了基准。

2. 完成图 7–5b 来评估你创造三种价值（展示的具体内容）的有效性，你会得到三个分数：运营价值、客户价值和生态系统价值。

3. 完成图 7–5c，以百分比的形式评估 10 项面向未来的能力（如何实现）的有效性。你会得到四个分数：运营能力、客户能力、生态系统能力和基础能力。

图7-5　转型评估仪表盘

用以下得分填写图7-6中的转型仪表盘

a 转型进度

与最初向董事会或者CEO汇报的进度相比，你的
公司在数字化转型上的表现如何（完成百分比）？

%

b 公司在积累哪种价值？

运营价值
（0表示完败于竞争对手，100%表示完胜对手）

公司运营成本的竞争力？ %

公司运营效率的竞争力？ % 平均

公司产品上市速度的竞争力？ %

%

客户价值

交叉销售的营收占比？ %

过去三年中引入的创新带来的营收占比？ % 平均

公司在创造客户黏性方面的有效性？
（0表示无效，100%非常有效） %

%

生态系统价值

公司通过参与或领导生态系统带来的
营收占比？ %

公司与新生态系统合作进行创收的有效性？
（0表示无效，100%非常有效） % 平均

在生态系统中，公司有权限触达的数据有
多少？ %

%

图7-5　转型评估仪表盘（续）

用以下得分填写图7-6中的转型仪表盘

C　你的公司是如何创造价值的?

0表示无效，100%非常有效，评估公司在实现所述能力上的有效性，然后计算平均得分

运营能力得分

变得模块化、开放、敏捷	％
努力实现双元性（同时实现降本与创新）	％

平均 ％

客户能力得分

提供出色的综合产品体验	％
以使命为导向	％

平均 ％

生态系统能力得分

领导或参与生态系统	％
追求动态（和数字化）的合作伙伴关系	％

平均 ％

基础能力得分

将数据视为战略资产	％
培养并遴选合适的人才	％
将个人和团队行为与公司目标联系起来	％
促进整个公司的快速学习	％

平均 ％

资料来源：MIT CISR 2019 年高层管理团队和转型调查（N=1311）。

4. 在图 7-6 相应的栏中输入以上得分，并将你的答案与我们来自全球 1 000 多家公司的基准进行比较。相对于基准，你需要关注哪些方面？[27] 你能否阐明价值创造和获取背后的业务逻辑？

让我们回到 BankCo，通过该示例了解如何使用仪表盘。BankCo 的得分取自高级管理人员在研讨会期间对其价值和能力的评估，并运用基于研究的解释将其展示在仪表盘上（见图 7-7）。

BankCo 采用了多条路径实施数字化转型，总体完成度为 55%：路径 1（占总体投资的 60%）、路径 2（占总体投资的 30%）和路径 4（占总体投资的 10%）。它的运营和客户价值低于基准值，但生态系统价值远高于基准值。可能的原因是投资分布和管理层的注意力都集中在路径 4 的生态系统上，该生态系统进展顺利。但是问题在于，运营价值和客户价值的滞后将给路径 1 和路径 2 的转型工作带来压力（这些是银行眼下工作的焦点所在，将产生重大影响），需要立即引起关注。

为了更好地理解 BankCo 面临的问题，让我们看看其面向未来的能力的得分。基础能力的得分远低于基准值。这需要引起注意，银行公司必须检查构成基础能力的四个方面，看看哪些能力低于基准值。[28] 对 BankCo 来说，问题在于数据的战略性应用和全公司的快速学习。我们将提出以下行动建议：

- 通过在内部和外部分享客户故事和案例宣告生态系统获得价值的成功，借此助推后续转型的投入。
- 从具体客户案例出发，将精力投入路径 1 和 2 上价值获取的工作中。深入研究这些路径上的指标，以此了解从运营和客户那

图7-6 你公司的转型仪表盘		
转型完成度	**0~33%**	**34%~67%**	**68%~100%**

在相应的空格中填入图7-5a中的数据。基准值位于同一列中。

你的得分			

积累的价值（来自图7-5b）

运营价值得分

你的得分			
平均得分	40%	54%	66%

客户价值得分

你的得分			
平均得分	26%	43%	55%

生态系统价值得分

你的得分			
平均得分	28%	43%	69%

面向未来能力的有效性（来自图7-5c）

运营能力得分

你的得分			
平均得分	33%	59%	71%

客户能力得分

你的得分			
平均得分	48%	65%	75%

生态系统能力得分

你的得分			
平均得分	40%	63%	74%

基础能力得分

你的得分			
平均得分	38%	59%	71%

资料来源：基准值来自 MIT CISR 2019 年高层管理团队和转型调查（N=1311）。转型完成度在 0~33% 的公司占样本的 25%，该组平均完成度为 21%。转型完成度在 34%~67% 的公司占样本的 44%，该组平均完成度为 51%。转型完成度在 68%~100% 的公司占样本的 29%，该组平均完成度为 80%。

图7-7 你公司的转型仪表盘

转型完成度	0~33%	34%~67%	68%~100%

在相应的空格中填入图7-5a中的数据。基准值位于同一列中。

你的得分		**55%**	多条路径：路径1、2、3上的资源配比为60%、30%、10%

积累的价值（来自图7-5b）

运营价值得分

你的得分		**48%**	
平均得分	40%	54%	66%

客户价值得分

你的得分		**37%**	
平均得分	26%	43%	55%

生态系统价值得分

你的得分		**60%**	
平均得分	28%	43%	69%

面向未来能力的有效性（来自图7-5c）

运营能力得分

你的得分		**75%**	
平均得分	33%	59%	71%

客户能力得分

你的得分		**69%**	
平均得分	48%	65%	75%

生态系统能力得分

你的得分		**80%**	
平均得分	40%	63%	74%

基础能力得分

你的得分		**42%**	
平均得分	38%	59%	71%

资料来源：转型完成度的得分是基于五位高级管理人员回答的平均数，价值和能力的评估是基于研究解释。基准值来自 MIT CISR 2019 年高层管理团队和转型调查（*N*=1311）。

里获取价值所面临的挑战。

- 调查为什么运营和客户能力高于基准水平，但没有转化为价值。这是因为研讨会上高管们过于乐观，还是需要调整或复用数字化的服务和模块，更好地利用这些高于平均水平的能力？

- 解决基础能力的问题，即需要强化数据的战略性应用和全公司的快速学习。这通常是决策权和平台思维的问题，地方的决策权加之地方的技术解决方案，导致数据和技术无法在公司范围内得到共享。

我们建议你每三个月进行一次这样的评估，跟踪分数并举办研讨会进行讨论。每个分数本身远不及分数所激发的高质量对话重要。一段时间之后，我们建议你用与你的"测量对象"和"如何达成"最相关的实时数据来替换我们基于研究的测量值。

"面向未来"可以实现吗

现在，本书已结束，我们祝愿你在面向未来的转型中取得成功。这是一次令人兴奋且大有裨益的管理之旅，我们期待听到你的成功和经验教训。还有一个更重要的问题：真的有可能实现"面向未来"吗？我们的答案很简单：是的！但问题是你只能在某个时间点"面向未来"。10项面向未来的能力是基础，但你必须继续发展它们。在我们所做的许多分析中，我们都将一家公司与其竞争对手进行比较，就像你在自我评估中所做的那样。而那些像你一样的竞争对手会随着时间的推移而变得更好，因此标准会继续提高。我们建议你设定一个实现面向未来的目标日期（相对于竞争对手），并评估你不断取得的进展。但是，一旦到达该目标日期，终点又可能会发生变化，并且你将需要使用新的目标日期再次重复该过程。而且这个过程还将持续下去……直到永远！我们祝愿你一次又一次地为未来做好准备！

第七章行动要点

1. 回顾前面所有章节中的行动要点，因为它们列出了每个部分需要做出的关键决策。

2. 开始教育董事会和高层管理团队提高数字化能力。引进外部专家，进行技术演示，挖掘内部人才，并尝试反向指导（*reverse mentoring*）。

3. 你领导公司的方式必须改变，当人们改变他们的工作方式时，这点尤其重要。命令和控制型的领导风格并不能解决问题，领导层需要对团队有更多的指导和更多的沟通。

4. 决定首先打造哪些面向未来的能力。

5. 向整个公司阐明数字化转型将积累什么价值以及如何创造该价值的业务逻辑。你的仪表盘应该描述业务逻辑并使用实时数据（作为目标）。

6. 最重要的是，作为领导者，你的角色是让转型对公司中的每个人都有意义，并让他们相信自己能够做到这一点。你必须将公司的目标融入公司的行动，讲述能够展示公司转型原因的故事，并成为你希望员工如何改变和行动的榜样。

注 释

第一章

1. 在这本书中，我们将使用"公司"来代表所有企业。在我们的研究、教学和研讨会中，我们发现这个框架广泛适用于商业化公司、非营利组织和政府机构。

2. 参见 Sebastian, I. M., Weill, P., and Woerner, S. L., "Driving Growth in Digital Ecosystems," *MIT Sloan Management Review* (Fall 2020, Reprint 62127): https://sloanreview.mit.edu/article/driving-growth-in-digital -ecosystems/.

3. 参见 Weill, P., Woerner, S. L., and Shah, A., "Does Your C-Suite Have Enough Digital Smarts?," *MIT Sloan Management Review* (Spring 2021, Reprint 62320): https://sloanreview.mit.edu/article/does-your-c-suite-have -enough-digital-smarts/. 2020 年 12 月 15 日，Inspire Brands 完成了对 Dunkin' Brands 的收购。Dunkin' Brands 和 Baskin-Robbins 现在作为 Inspire 投资组合中的独立品牌运营。https://www.dunkinbrands.com/firm/about/about-dunkin-brands.

4. 应用程序编程接口（API）指的是一组预先定义好的函数和程序，它们允许开发人员编写应用程序访问操作系统、服务或其他应用程序的功能或数据。

5. 本书内容来源于 MIT CISR 的多个研究项目。这些研究涉及数字化转型路径、商业模式、数字化合作、价值创造和价值捕获、重建平台和客户领域。2015 年，我们调查了 413 位受访者（MIT CISR 2015 CIO Digital Disruption Survey），并在 2016 年与 50 多位高管进行了对话，讨论他们在数字化转型上的目标。这些分析和对话帮助我们构建了"面向未来"的四个象限。2017 年，我们进行了另一项调查，研究了四条数字化路径（MIT CISR 2017 Digital Pathways Survey [*N*=400]）。2018 年，我们对四家公司（Tetra Pak、CEMEX、KPN 和 Domain）进行了深入的案例研究，考察它们的数字化转型，包括它们的路径和四次组织爆破。在每家公司，我们对高管团队的一名或多名成员（通常是首席信息官或同等职位的人）及其直接下属进行了半结构化的访谈，让他们坦率地分享他们的数字化转型经验。2019 年，我们对全球范围内的 1311 名受访者进行了调查

（MIT CISR 2019 TMT and Transformation Survey），询问他们关于数字化转型之旅相关的问题，包括如何管理过程中遭遇的组织爆破，以及哪些领导行为和商业机制促进了转型。

6. 自行报告的营收均值，进行了 5% 的去极值处理以剔除异常值。

7. 参见 Sia, S. K., Weill, P., and Zhang, N., "Designing a Future-Ready Enterprise: The Digital Transformation of DBS Bank," *California Management Review* (March 2021); Sia, S. K., Weill, P., and Xu, M., "DBS: From the 'World's Best Bank' to Building the Future-Ready Enterprise," Nanyang Business School, December 2018, Ref No.: ABCC-2019-001.

8. Ross, J. W., Sebastian, I. M., and Beath C.M., "Digital Design: It's a Journey," *MIT Sloan CISR Research Briefing*26, no. 4 (April 2016): https://cisr .mit.edu/ publication/2016_0401_DigitalDesign_RossSebastianBeath.

9. Weill, P., and Woerner, S. L., "Dashboarding Pays Off," *MIT Sloan CISR Research Briefing* 22 (January 1, 2022): https://cisr.mit.edu/publication/2022_0101_ Dashboarding_WeillWoerner.

10. Weill, P., and Woerner, S. L., *What's Your Digital Business Model? Six Questions to Help You Build the Next-Generation Enterprise* (Boston: Harvard Business Review Press, 2018).

11. Sebastian, I. M., Weill, P., and Woerner, S. L., "Three Strategies to Grow via Digital Partnering," *MIT Sloan CISR Research Briefing* 20, no. 5 (May 2020): https://cisr.mit. edu/publication/2020_0501_DigitalPartneringStrategies_SebastianWeillWoerner.

12. 模块化生产商是指提供即插即用服务、能适应多种生态系统的公司。这些企业通常能基于数字平台运营，提供一系列通过 API 连接的服务，并且不受技术路线选择的影响。欲了解更多详情，请参见 Weill and Woerner, *What's Your Digital Business Model?*

第二章

1. Weill, P., Woerner, S. L., and Harte, M., "Replatforming the Enterprise," *MIT Sloan Center for Information Systems Research Briefing* 20, no. 7 (July 2020): https://cisr. mit.edu/publication/2020_0701_Replatforming_WeillWoernerHarte.

2. Ross, J. W., Sebastian, I. M., and Beath, C. M., "Digital Design: It's a Journey" *MIT*

Sloan Center for Information Systems Research Briefing 26, no. 4 (April 2016).

3. Danske Bank, "About Us," accessed September 6, 2012, http://www .danskebank. com/en-uk/About-us/Pages/About-us.aspx.

4. Danske Bank Group, *2019 Annual Report* (Copenhagen: Danske Bank Group, 2019), https://danskebank.com/-/media/danske-bank-com/file-cloud/2020/2/annual-report%202019.pdf?rev=ce58f68c871c451ab82c07640edbc51f &hash=091E4528612 2B94B1F719CEA4F23A799.

5. MobilePay, "About Us," accessed April 2, 2022, https://www.mobilepay.dk/about-us#numbers.

6. Weill, P., and Woerner, S.L., "Is Your Company Ready for a Digital Future?," *MIT Sloan Management Review*59, no. 2 (winter 2018).

7. Danske Bank Group, *2020 Annual Report* (Copenhagen: Danske Bank Group, 2020), https://danskebank.com/-/media/danske-bank-com/file-cloud/2021/2/annual-report-2020.pdf.

8. Danske Bank, "Interim Report for the First Nine Months of 2020," November 4, 2020, https://danskebank.com/news-and-insights/news-archive/press-releases/2020/pr04112020.

9. van der Meulen, N., and Dery, K., "The Employee Experience of Digital Business Transformation," *MIT Sloan Center for Information Systems Research Briefing* 20, no. 1 (January 2020): https://cisr.mit.edu /publication/2020_0101_PathwaysEX_MeulenDery.

10. mBank 在波兰拥有 470 万零售客户，此外在捷克共和国和斯洛伐克还有近 100 万客户，并且拥有超过 28 000 家企业客户。请参见以下内容（April 2, 2022），"mBank in Numbers," https://www.mbank.pl/en/about-us/about-mbank/.

11. International Banker, "mBank: Leading the New Wave of Innovation, Digitalization and Competitiveness in Polish Banking," March 9, 2020, https://internationalbanker. com/banking/mbank-leading-the -new-wave-of-innovation-digitalisation-and-competitiveness-in-polish -banking/.

12. Fonstad, N. O., Woerner, S. L., and Weill, P., "mBank: Creating the Digital Bank," *MIT Sloan CISR Research Briefing* 15, no. 10 (October 2015): https://cisr.mit.edu/publication/2015_1001_mBank_FonstadWoernerWeill.

13. mBank, "mBank Group in a Snapshot," （April 2, 2022）https://www.mbank.pl/pdf/ relacje-inwestorskie/factsheet_mbankgroup_eng.pdf.

14. Andreasyan, T., "mBank Moves into Fintech Vendor Space with New Digital Banking System," June 26, 2017, https://www.fintechfutures.com/2017/06/mbank-moves-into-fintech-vendor-space-with-new-digital-banking -system/

15. 欲了解更多有关战略目标的信息，请参见下文 mBank, "Growth Fueled by Our Clients—New Strategy for 2020–2023," （April 2, 2022）https://www.mbank.pl/ en/annual-report/2019/outlook/rosniemy-z-klientami -i-dzieki-nim-strategia-na-lata-2020-2023/.

16. 净推荐值（NPS）是一个市场指标，广泛用于衡量客户体验。请参见 Reichheld, F. F., "The One Number You Need to Grow," *Harvard Business Review*, December 2003, https:// hbr.org/2003/12/the-one-number-you-need-to-grow; NICE Satmetrix NPS Methodology, https://www.satmetrix.com/holistic-voc-solution/nps -methodology.

17. BBVA Group, *BBVA Group First Quarter 2021* (Birmingham, AL: BBVA Compass, 2021), https://shareholdersandinvestors.bbva.com/wp-content/uploads/2021/05/1Q21-BBVA-Corporate-Presentation-.pdf.

18. BBVA, "BBVA, Named Best Bank in Europe and Latin America for Innovation in Digital Banking," August 3, 2020, https://www.bbva.com/en/bbva-named-best-bank-in-europe-and-latin-america-for-innovation-in -digital-banking/.

19. Fonstad, N. O., and Salonen, J., "Four Changes: How BBVA Generated Greater Strategic Value," MIT Sloan CISR Working Paper, no. 452 (October 2021): https:// cisr.mit.edu/publication/MIT_CISRwp452_BBVA-SDA_FonstadSalonen.

20. ING Group, "Transformation Update," Investor Day 2019, March 25, 2019, https:// www.ing.com/Investor-relations/Presentations/Investor-Day-presentations/2019/ING-Investor-Day-2019-Transformation-update.htm.

21. Weill and Woerner, "Is Your Company Ready for a Digital Future?"

22. Ross, J. W., Weill, P., and Robertson, D. C., *Enterprise Architecture as Strategy: Creating a Foundation for Business Execution* (Boston: Harvard Business School Press, 2006), 61–64.

23. ING Group, "Transformation Update."

24. ING 2017 Annual Report, https://www.ing.com/Investor-relations /Financial-performance/Annual-reports.htm; "Scotiabank to Buy ING Bank of Canada for $3.1B," August 29, 2012,https://www.cbc.ca/news/business /scotiabank-to-buy-ing-bank-of-canada-for-3-1b-1.1160516; "ING Direct to Become 'Capital One 360,' but Promises to Remain the Same," November 7, 2012, https://www.americanbanker.com/news/ing-direct-to-become-capital -one-360; and "ING to Sell ING Direct UK to Barclays," 2012 年 10 月 9 日发布的新闻, https://www.ing.com/Newsroom/News/Press-releases /PROld/ING-to-sell-ING-Direct-UK-to-Barclays.htm.

25. 根据 2017 年调查中转型程度最高的公司数据，我们建议在每条路径上都应指派相应的角色来领导转型。

26. Woerner, S. L., Weill, P., and Diaz Baquero, A. P., "Coordinating Multiple Pathways for Transformation Progress," *MIT Sloan CISR Research Briefing* 22, no. 4 (April 2022): https://cisr.mit.edu/publication/2022_0401_MultiplePathways_WoernerWeillDiazBaquero.

27. 由公司提供，并根据以下报告编制而成，"Financial results," Investor Relations, Grupo Bancolombia, https://www .grupobancolombia.com/investor-relations/financial-information/quarter -results.

28. 1 000 万用户的数据来自高管访谈。

29. 非银机构的数据来自未公开的公司文件；已获得使用许可。Bancolombia ATM details from Bancolombia S.A., "Corporate Presentation," January 2022, p. 2,https://www .grupobancolombia.com/wcm/connect/www.grupobancolombia.com15880/4da24cd8-e940-46fa-a83f-e3e2e5be6788/Corporate+Presentation.pdf?MOD=AJPERES&CVID =nZHOCJm.

30. MIT CISR 2019 年高层管理团队和转型调查（*N*=1311）。我们使用平均值差异检验，比较了在多条路径上协调一致的公司与在多条路径上协调缺失的公司在多个指标上的表现。描述中列示的是差异最大的三个指标。这些差异在 *p*<0.05 的水平上是显著的。

31. 参见，如, Sambamurthy, V., and Zmud, R. W., "Arrangements for Information Technology Governance: A Theory of Multiple Contingencies," *MIS Quarterly*23, no. 2 (June 1999): 261–290; and Weill, P., and Ross, J. W., *IT Governance: How Top Performers Manage IT Decision Rights for Superior Results* (Boston: Harvard Business School Press, 2004).

32. 数字平台 "standardizes and automates [core business] processes, thereby increasing reliability, decreasing operational costs, and ensuring quality," as per Weill, P., and Ross, J. W., *IT Savvy: What Top Executives Must Know to Go from Pain to Gain* (Boston: Harvard Business Press, 2009), 16.

33. Girod, S. J. G., and Karim, S. "Restructure or Reconfigure?," *Harvard Business Review*, March–April 2017.

34. Weill, P., and Woerner, S. L., *What's Your Digital Business Model? Six Questions to Help You Build the Next-Generation Enterprise* (Boston: Harvard Business Review Press, May 2018).

35. Ensor, B., "BBVA Tops Forrester's 2019 Global Mobile Banking App Reviews," Forrester, September 24, 2019, https://go.forrester.com/blogs/bbva -tops-forresters-2019-global-mobile-banking-app-reviews/.

36. BBVA, "BBVA Earns € 1.32 Billion in 4Q20, its Best Quarterly Result in Two Years," January 29, 2021, https://www.bbva.com/en/results-4q20/.

37. Wixom, B.H., and Someh, I., "Accelerating Data-Driven Transformation at BBVA," *MIT Sloan CISR Research Briefing* 13, no. 7 (July 2018): https://cisr .mit.edu/publication/2018_0701_DataDrivenBBVA_WixomSomeh.

38. BBVA, "BBVA's Journey to Become a Digital, Data-Driven Bank," June 11, 2021, https://www.bbva.com/en/bbvas-journey-to-become-a-digital -data-driven-bank/.

第三章

1. MIT CISR 2019 年高层管理团队和转型调查（*N*=1311）。

2. 数字化威胁的内容参见 MIT CISR 2017 Digital Pathways Survey（*N*=400）。

3. MIT CISR 2019 年高层管理团队和转型调查（*N*=1311）。

4. Weill, P., and Ross, J. W., *IT Savvy: What Top Executives Must Know to Go from Pain to Gain* (Boston: Harvard Business Press, 2009); Parker, G. G., van Alstyne, M., and Choudary, S. P., *Platform Revolution: How Networked Markets Are Transforming the Economy* (New York: W. W. Norton, 2017); Ross, J. W., Beath, C. M., and Nelson, R., "The Digital Operating Model: Building a Componentized Organization," *MIT Sloan CISR Research Briefing* 20, no. 6 (June 18, 2020): https://cisr.mit.edu/publication/2020_0601_BuildingComponentizedOrganization_RossBeathNelson.

5. Someh, I. A., Wixom, B. H., and Gregory, R. W., "The Australian Taxation Office: Creating Value with Advanced Analytics," MIT Sloan CISR Working Paper, no. 447 (November 2020): https://cisr.mit.edu /publication/MIT_CISRwp447_ ATOAdvancedAnalytics_SomehWixom Gregory.

6. Kaiser Permanente, "Fast Facts," December 31, 2021, https://about .kaiserpermanente. org/who-we-are/fast-facts.

7. Kagan, M., Sebastian, I. M., and Ross, J. W., "Kaiser Permanente: Executing a Consumer Digital Strategy," MIT Sloan CISR Working Paper, no. 405 (2016): https:// cisr.mit.edu/publication/MIT_CISRwp408_KaiserPermanente_KaganSebastianRoss.

8. Prat Vemana, 通过电子邮件获得了进行案例研究的许可，2022 年 4 月 29 日。

9. Diane Comer, 通过电子邮件获得了进行案例研究的许可，2022 年 4 月 29 日。

10. Funahashi, T., Borgo L., and Joshi, N., "Saving Lives with Virtual Cardiac Rehabilitation," *NEJM Catalyst Innovations in Care Delivery,* August 28, 2019, https://catalyst.nejm.org/doi/full/10.1056/CAT.19.0624, https://catalyst .nejm.org/doi/full/10.1056/CAT.19.0624; Kaiser Permanente, "Reducing Secondary Cardiac Events with Virtual Cardiac Rehab," August 28, 2019, https://about.kaiserpermanente.org/ our-story/news/announcements/-reducing -secondary-cardiac-events-with-virtual-cardiac-rehab.

11. Sebastian, I. M., Weill, P., and Woerner, S. L., "Three Types of Value Drive Performance in Digital Business," MIT Sloan CISR Research Briefing no. XXI-3 (March 18, 2021): https://cisr.mit.edu/publication/2021_0301_ ValueinDigitalBusiness_SebastianWeillWoerner.

12. Funahashi, Borgo, and Joshi, "Saving Lives with Virtual Cardiac Rehabilitation."

13. Kagan, Sebastian, and Ross, "Kaiser Permanente."

14. Sebastian, Weill, and Woerner, "Three Types of Value Drive Performance in Digital Business."

15. Prat Vemana, interview with Ina Sebastian (author), March 11, 2020.

16. Tetra Pak, "Tetra Pak in Figures," January 1, 2021, https://www.tetrapak .com/about-tetra-pak/the-company/facts-figures; van der Meulen, M., Weill, P., and Woerner, S. L., "Managing Organizational Explosions during Digital Business Transformations," *MIS Quarterly Executive*, September 2020; Weill, P., Woerner, S. L., and van der Meulen,

N., "Four Pathways to 'Future Ready' that Pay Off," *European Business Review*, March–April 2019.

17. Tetra Pak, "Tetra Pak Introduces the 'Factory of the Future' with Human and AI Collaboration at Its Core," March 29, 2019, https://www .tetrapak.com/en-us/about-tetra-pak/news-and-events/newsarchive/factory -of-the-future.

18. Tetra Pak, "Tetra Pak Launches Connected Packaging Platform," April 3, 2019, https://www.tetrapak.com/en-us/about-tetra-pak/news-and -events/newsarchive/connected-packaging-platform.

19. Tetra Pak, "Tetra Pak Calls for Collaborative Innovation to Tackle Sustainability Challenges in the Food Packaging Industry," January 25, 2021, https://www.tetrapak.com/en-us/about-tetra-pak/news-and-events /newsarchive/collaborative-innovation-tackle-sustainability-challenges-food -packaging-industry.

20. Sebastian, I. M., Weill, P., and Woerner, S. L., "Driving Growth in Digital Ecosystems," *MIT Sloan Management Review*, August 18, 2020,https://sloanreview. mit.edu/article/driving-growth-in-digital-ecosystems/; Tetra Pak, "Voices of Innovation: The Power of Partnership," January 25, 2021, https://www.youtube.com/ playlist?list =PLR9c4Ljeb6khqftcD7HrOxw UhiWZQ53xx.

第四章

1. MIT CISR 2019 年高层管理团队和转型调查（*N*=1311）。

2. MIT CISR 2019 年高层管理团队和转型调查（*N*=1311）。

3. Dery, K., and van der Meulen, N., "The Employee Experience of Digital Business Transformation," *MIT Sloan CISR Research Briefing* 20, no. 1 (January 2020): https:// cisr.mit.edu/publication/2020_0101_PathwaysEX_MeulenDery.

4. CarMax 的内容主要基于 MIT Sloan CISR 的案例研究：Ross, J. W., Beath, C. M., and Nelson, R., "Redesigning CarMax to Deliver an Omni-Channel Customer Experience," MIT Sloan CISR Working Paper, no. 442 (June 18, 2020): https://cisr. mit.edu/publication/MIT_CISRwp442_CarMax_RossBeathNelson; and CarMax, "Analyst Day 2021," May 6, 2021, https://investors.carmax.com/news-and-events/ events-and-presentations/carmax-analyst-day/default.aspx; https://s27.q4cdn. com/743947716/files/doc_presentations/2021/05/07/CarMax-Analyst-Day-2021-

Summary.pdf.

5. CarMax, "Our Purpose,"（April 4, 2022）, www.carmax.com/about-carmax.

6. CarMax, *CarMax Annual Report 2021*(Richmond, VA: Carmax, 2021), https://s27. q4cdn.com/743947716/files/doc_financials/2021/ar/KMX-FY21-Annual-Report.pdf.

7. CarMax 获得了众多奖项，例如连续 17 年被《财富》杂志评为 "最佳工作公司" 之一，以及被《福布斯》杂志评为 "多元化最佳工作场所"：CarMax, Carmax Annual Report 2021, https://s27.q4cdn.com/743947716/files/doc_financials/2021/ar/ KMX-FY21 -Annual-Report.pdf; Carmax, "Company Recognition," accessed April 4, 2022, http://media.carmax.com/Recognition/.

8. Shamim Mohammad，来自与作者的电子邮件，2022 年 4 月 12 日.

9. Ross, Beath, and Nelson, "Redesigning CarMax."

10. Ross, Beath, and Nelson, "Redesigning CarMax."

11. Ross, Beath, and Nelson, "Redesigning CarMax."

12. Ross, Beath, and Nelson, "Redesigning CarMax."

13. CarMax, "CarMax Analyst Day 2021."

14. CEMEX 案例参考了多方信息，并已获得了使用许可，参考资料包括 van der Meulen, N., Weill, P., and Woerner, S. L., "Managing Organizational Explosions during Digital Business Transformations," *MIS Quarterly Executive*, September 2020, 165–182; Weill, P., Woerner, S. L., and van der Meulen, N., "Four Pathways to 'Future Ready' that Pay Off," *European Business Review*, March–April 2019, 11–15; CEMEX 高管团队在 MIT Sloan Executive Education 项目中的互动；MIT CISR Surveys and interviews; CEMEX.com; and CEMEX Annual Reports and Quarterly Results.

15. van der Meulen, Weill, and Woerner, "Managing Organizational Explosions."

16. CEMEX Annual Report 2019, https://www.cemex.com/documents /20143/49694544/ IntegratedReport2019.pdf/4e1b2519-b75f-e61a-7cce-2a2f2f6f09dc; CEMEX Second Quarter 2020 Results, https://www.cemex .com/documents/20143/49897099/2Q20res ults_English.pdf/42519285-1974 -b582-c96c-8e6e455831d7.

17. CEMEX Third Quarter 2020 Results, https://www.cemex.com /documents/20143/498 97099/3Q20results_English.pdf/b53e9747-672f-59fb -f8e8-a26342e32132.

18. CEMEX Go 平台在建筑材料行业的颠覆性成功，获得了 LOGISTIK HEUTE 颁发的 2018 年供应链管理奖，这促使 CEMEX 进一步通过向全球其他行业参与者授权使用该平台来获得收益。有关 LOGISTIK HEUTE 奖项的更多信息，请参见 "CEMEX Go Wins Renowned German Award," CEMEX press release, December 6, 2018, https://www.cemex.com/press-releases-2018/-/asset_publisher /aKEb3AUF78Y0/content/cemex-go-wins-renowned-german-award.

19. "CEMEX Launches Construrama Online Store," CEMEX press release, June 6, 2018, https://apnews.com/press-release/business-wire/business -lifestyle-mexico-materials-industry-62f012429874ae49a54de9b90bb80d2.

20. CEMEX Go Developer Center and use cases, https://developers .cemexgo.com, https://developers.cemexgo.com/usecases0; CEMEX 2019 Annual Report, https:// www.cemex.com/documents/20143/49694544/IntegratedReport2019.pdf/4e1b2519-b75f-e61a-7cce-2a2f2f6f09dc.

21. "CEMEX Presents CEMEX Go Developer Center," CEMEX press release, April 4, 2019, https://www.cemex.com/press-releases-2019/-/asset _publisher/sixj9tAnl3LW/content/cemex-presents-cemex-go-developer-enter?_com_liferay_asset_publisher_web_portlet_AssetPublisherPortlet _INSTANCE_sixj9tAnl3LW_redirect=https%3A%2F%2Fwww.cemex.com%3A443%2Fpress-releases-2019%3Fp_p_id%3Dcom_liferay_asset_publisher_web_portlet_AssetPublisherPortlet_INSTANCE_sixj9tAnl3LW%26p_p_lifecycle%3D0%26p_p_state%3Dnormal%26p_p_mode%3Dview%26_com_liferay_asset_publisher_web_portlet_AssetPublisherPortlet_INSTANCE_sixj9tAnl3LW_cur%3D0%26p_r_p_resetCur%3Dfalse%26_com_liferay_asset_publisher_web_portlet_AssetPublisherPortlet_INSTANCE_sixj9tAnl3LW_asset EntryId%3D47830218.

22. "CEMEX Ventures Invests in Carbon Capture Tech of the Future," CEMEX press release, August 3, 2021, https://www.cemexventures.com /carbon-capture-technology/.

23. "CEMEX Joins OpenBuilt to Accelerate Digital Transformation of the Construction Industry," CEMEX press release, April 14, 2021, https://www .cemex.com/-/cemex-joins-openbuilt-to-accelerate-digital-transformation-of -the-construction-industry.

24. van der Meulen, Weill, and Woerner, "Managing Organizational Explosions."

25. 来自行政与组织执行副总裁 Luis Hernandez Echavez 和首席执行官 Fernando González 对我们 2021 年 7 月 6 日通过电子邮件提出的问题的回复。

26. Fernando González，与作者的电子邮件沟通，2021 年 1 月 30 日。

第五章

1. MIT CISR 2019 年高层管理团队和转型调查（*N*=1311）。公司所属行业由调查受访者选择。行业被整合对应到了北美产业分类体系（NAICS）。消费行业包括酒店、旅游、餐饮、零售、艺术、娱乐和休闲。

2. "World's Best Digital Bank 2018: DBS," *Euromoney*, July 11, 2018, https://www.euromoney.com/article/b18k8wtzv7v23d/world39s-best-digital-bank-2018-dbs.

3. "DBS Named Best Bank in the World," DBS, August 24, 2018, https://www.dbs.com/newsroom/DBS_named_Best_Bank_in_the_World.

4. Peter Weill 与新加坡南洋商学院的 Siew Kien Sia 及其同事合作，发表了两个案例研究和两篇文章，这些研究基于对 DBS 高管的多次访谈以及对许多内部 DBS 文件的审查。我们非常感谢与 DBS 的合作，以完成并发布这项分析。请参见 Sia, S. K., Weill, P., andZhang, N., "Designing a Future-Ready Enterprise: The Digital Transformation of DBS Bank," *California Management Review* (March 2021) (this section of the book draws heavily on this article); Sia, S. K., Soh, C., Weill, P., and Chong, Y., "Rewiring the Enterprise for Digital Innovation: The Case of DBS Bank," Nanyang Technological University, Nanyang Business School, and the Asian Business Case Centre, pub no. ABCC-2015-004, June 2015; Sia, S. K., Weill, P., and Xu, M., "DBS: From the 'World's Best Bank' to Building the Future-Ready Enterprise," MIT Sloan CISR Working Paper, no. 436 (March 18, 2019), https://cisr.mit.edu/publication/MIT_CISRwp436 _DBS-FutureReadyEnterprise_SiaWeillXu; and Weill, P., Sia, S. K., and Soh, C., "How DBS Pursued a Digital Business Strategy," *MIS Quarterly Executive* 15, no. 2 (2016): 105–121.

5. 参见 DBS, "Fixed Income Investor Presentation," accessed April 5, 2022, https://www.dbs.com/iwov-resources/images/investors/overview /Fixed%20income%20investor%20presentation%201H21_vF.pdf?productId =jx3sjprr. 2014 年的平均货币汇率来源于 exchangerates.org.uk (https://www.exchangerates.org.uk/SGD-USD-spot-exchangerates-history-2014.html#:~:text=Average%20exchange%20rate%20in%202014%3A%200.7893%20USD). 2021 年的平均货币汇率来源于 exchangerates.org.

uk (https://www.exchangerates.org.uk/SGD-USD-spot-exchange-rates-history-2021.
html#:~:text=Average%20exchange%20rate%20in%202021%3A%200.7442%20
USD).

6. Sia, Weill, and Zhang, "Designing a Future-Ready Enterprise."

7. Sia, Weill, and Zhang, "Designing a Future-Ready Enterprise."

8. Sia, Weill, and Zhang, "Designing a Future-Ready Enterprise."

9. Sia, Weill, and Xu, "DBS: From the 'World's Best Bank.'"

10. DBS, *Annual Report 2017* (Singapore: DBS, 2017), https://www.dbs.com/
    annualreports/2017/index.html.

11. Sia, Weill, and Xu, "DBS: From the 'World's Best Bank.'"

12. Sia, Weill, and Xu, "DBS: From the 'World's Best Bank.'"

13. DBS, "Reimagining Banking, DBS Launches World's Largest Banking API Developer
    Platform," November 2, 2017, https://www.dbs.com/newsroom/Reimagining_
    banking_DBS_launches_worlds_largest_banking_API_developer_platform.

14. Sia, Weill, and Zhang, "Designing a Future-Ready Enterprise."

15. Sia, Weill, and Zhang, "Designing a Future-Ready Enterprise."

16. Sia, Weill, and Xu, "DBS: From the 'World's Best Bank.'"

17. Cobban, P., "DBS' Digital Transformation Journey to Become the World's
    Best Bank," Cuscal Curious Thinkers Virtual Program, June 22,2021. "33 个
    平台" 的数据也在以下内容中提到 Tan, A., "DBS Bank Goes Big on Open
    Source," ComputerWeekly.com, June 25, 2019, https://www.computerweekly.com/
    news/252465653/DBS-Bank-goes-big-on-open-source

18. 二合一的系统或方法指的是一种管理方法，即两个（或更多）人会被赋予相同
    的领导权威或一起背负一系列任务，而这些人扮演的角色通常是互补的。

19. Sia, Weill, and Xu, "DBS: From the 'World's Best Bank.'"

20. Sia, Weill, and Xu, "DBS: From the 'World's Best Bank.'"

21. DBS, "Banking without Branches, DBS digibank India Gains 1m Customers in
    a Year," June 8, 2017, https://www.dbs.com/innovation /dbs-innovates/banking-
    without-branches-dbs-digibank-india-gains-1m -customers-in-a-year.html.

22. DBS, "Banking without Branches."

23. Sia, Weill, and Xu, "DBS: From the 'World's Best Bank.'"

24. MIT CISR 在 Nick van der Meulen 博士的带领下，对 KPN 进行了多年的研究。本节内容主要基于以下三篇已发表的文献：van der Meulen, N., Weill, P., and Woerner, S. L., "Managing Organizational Explosions during Digital Business Transformations," *MIS Quarterly Executive*, September 2020, 165–182; Weill, P., Woerner, S. L., and van der Meulen, N., "Four Pathways to 'Future Ready' that Pay Off," *European Business Review* (March–April 2019): 11–15; van de Meulen, N., Weill, P., and Woerner, S. L., "Digital Transformation at KPMG: Navigating Organizational Disruption," MIT Sloan CISR Case Study Working Paper, no. 431 (August 2018), https://cisr.mit.edu/publication/MIT_CISRwp431_PathwaysKPN_VanderMeulenWeillWoerner.

25. "KPN Integrated Annual Report 2020: Accelerating Digitalization of the Netherlands" (Amsterdam: KPN, 2020), p. 9, https://ir.kpn.com/download/companies/koninkpnnv/Results/KPN_IR_2020_Single_navigation.pdf.

26. "KPN Integrated Annual Report 2020: Accelerating Digitalization of the Netherlands."

27. 通过互联网直接向消费者提供的流媒体服务被称作 "over-the-top media"。这些流媒体服务公司绕过了有线电视、广播和卫星电视平台这样的传统内容控制或分发机构。虽然这个术语通常用于视频平台，但它也泛指音频流媒体、消息服务和基于互联网的语音呼叫解决方案。

28. 平均而言，欧洲电信公司的收入在 2008—2017 年间下降了 33%。有关这些经济发展的概述，请参见 GSMA Europe, "The Mobile Economy—Europe 2017," October 17, 2017, https://www.gsma.com/gsmaeurope/resources/mobile-economy-europe-2017/; and GSMA, "Mobile Economy Europe 2013," September 5, 2013, https://www.gsmaintelligence.com/research/?file=6b321d25537f3bf708ffa34fabcdbf91&download.

29. van der Meulen, Weill, and Woerner, "Managing Organizational Explosions."

30. van der Meulen, Weill, and Woerner, "Digital Transformation at KPMG."

31. "KPN Integrated Annual Report 2020: Accelerating Digitalization of the Netherlands," p. 7, https://ir.kpn.com/download/companies/koninkpnnv/Results/KPN_IR_2020_Single_navigation.pdf.

第六章

1. Climate FieldView, "Climate FieldView," accessed April 7, 2022, https://climate.com/ https://dev.fieldview.com.

2. FieldView for Developers, "More Visibility for Your Solutions," accessed April 7, 2022, https://dev.fieldview.com.

3. Bayer Global, "Advancing Sustainability and Efficiency: Are You Prepared for the Future of Agriculture?" June 21, 2021, https://www.bayer.com/en/investors/ agriculture-megatrends.

4. Climate FieldView, "Bayer, Microsoft Enter into Strategic Partnership to Optimize and Advance Digital Capabilities for Food, Feed, Fuel, Fiber Value Chain," press release, November 17, 2021, https://climate.com/press-releases/bayer-microsoft-strategic-partnership/.

5. Eickhoff, T., and Williams, J., "The Beginning of What's Next: The 2022 Digital Farming Research Pipeline," Climate FieldView, February 15, 2022, https://climate. com/tech-at-climate-corp/the-beginning-of-what-s-next-the-2022-digital-farming-research-pipeline/.

6. Ping An Healthcare and Technology Company Limited, "'Easier, Faster, and More Affordable': Ping An Good Doctor's New Strategy Builds on Solid Foundation," Cision PR Newswire, October 24, 2021, https://www .prnewswire.com/news-releases/ easier-faster-and-more-affordable-ping-an -good-doctors-new-strategy-builds-on-solid-foundation-301407238.html.

7. 使用谷歌进行货币转换，数据截至 2022 年 3 月 1 日。

8. Ping An Healthcare and Technology Company Limited, "Ping An Good Doctor Posts 39% Revenue Growth in the First Half of 2021; Revenue from Medical Services Grows 50.6%; Total Number of Registered Users Reaches 400 Million," Cision PR Newswire, August 24, 2021, https:// www.prnewswire.com/news-releases/ ping-an-good-doctor-posts-39-revenue-growth-in-the-first-half-of-2021-revenue-from-medical-services-grows-50-6-total-number-of-registered-users-reaches-400-million-301361754.html.

9. Ping An Healthcare and Technology Company Limited, "'Easier, Faster and More Affordable.'"

10. 来自 Banco Bradesco 创新研究经理 Ana Maria Bonomi Baru 代表团队发给 Ina Sebastian（作者）的电子邮件，日期为 2022 年 4 月 30 日。

11. 有关 Bancolombia 和 Nequi 的详细信息可以在以下内容中找到，A. P., and Woerner, S. L., "Bancolombia: Coordinating Multiple Digital Transformations," MIT Sloan CISR Working Paper, no. 455 (April 2022), https://cisr.mit.edu/publication/MIT_ CISRwp455_Bancolombia _DiazBaqueroWoerner.

12. Weill, P., and Woerner, S. L., *What's Your Digital Business Model? Six Questions to Help You Build the Next-Generation Enterprise* (Boston: Harvard Business Review Press, 2018).

13. Schneider Electric, "Schneider Electric Half Year 2021 Results— July 30, 2021," July 30, 2021, https://www.se.com/ww/en/assets/564 /document/220698/presentation-half-year-results-2021.pdf.

14. Weill, P., Woerner, S. L., and Diaz Baquero, A. P., "Hello Domains, Goodbye Industries," *MIT Sloan Center for Information Systems Research Briefing*21, no. 1 (January 2021), https://cisr.mit.edu/publication/2021_0101_HelloDomains_ WeillWoernerDiaz.

15. Schneider Electric SE, "Universal Registration Document 2019," March 17, 2020, https://www.se.com/ww/en/assets/564/document/124836 /annual-report-2019-en.pdf.

16. Tricoire, J.-P., "Capital Markets Day," Schneider Electric, June 26, 2019, https:// www.se.com/ww/en/assets/564/document/46841/26 -presentation-strategy-investor-day-2019.pdf.

17. Fidelity, "Navigating the College Journey," accessed April 7, 2022, https:// myguidance.fidelity.com/ftgw/pna/public/lifeevents/content/sending -child-to-college/ overview; Fidelity, "Attending College," accessed April 7, 2022, https://myguidance. fidelity.com/ftgw/pna/public/lifeevents/content /sending-child-to-college/overview/ attending-college.

18. 研究员基于 Shopify 的信息进行的解释，"Shopify Q2 2020 Results" (Shopify Q2 2020 Financial Results Conference Call, July 29, 2020), https://s27.q4cdn. com/572064924 /files/doc_downloads/2020/Shopify-Investor-Deck-Q2-2020.pdf, and from the Shopify website, https://www.shopify.com/. Financial information from Shopify, "Q4 2021 Results," February 2022, https://s27.q4cdn.com/572064924/files/ doc_financials/2021/q4/Shopify-Investor-Deck-Q4 -2021.pdf.

19. Tricoire, "Capital Markets Day," 11 and 17.

20. Maersk, *2021 Annual Report* (Copenhagen: A. P. Moller-Maersk, 2021), https://investor.maersk.com/static-files/b4df47ef-3977-412b-8e3c-bc2f02bb4a5f. All figures as of December 31, 2021.

21. TradeLens, "Where We Are Today," accessed April 7, 2022, https://tour.tradelens.com/status; Maersk, *2019 Annual Report* (Copenhagen: A. P. Moller-Maersk, 2019), https://investor.maersk.com/static-files/984a2b93-0035-40d3-9cae-77161c9a36e0.

22. 这个小案例是基于2019—2022年间对14位高管的访谈，以及公开来源的信息。主要参考了以下内容 Sebastian, I. M., Weill, P., and Woerner, S. L., "Three Types of Value Driver Performance in Digital Business," MIT Sloan CISR Research Briefing no. XXI-3, https://cisr.mit.edu/publication/2021_0301_ValueinDigitalBusiness_SebastianWeillWoerner.

23. Maersk, *2020 Annual Report*(Copenhagen: A. P. Moller-Maersk, 2020), https://investor.maersk.com/static-files/97a03c29-46a2-4e84-9b7e-12d4ee451361; TradeLens, "Network," https://www.tradelens.com/ecosystem.

24. 来自 Daniel Wilson，TradeLens，GTD Solution策略和运营负责人，于2022年3月24日发给其中一位作者的电子邮件。

25. Pico, S., "Søren Skou Expects Growth from Maersk's Blockchain Venture in 2021," *ShippingWatch*, December 1, 2020, https://shippingwatch.com /carriers/Container/article12596226.ece.

26. Maersk, *2019 Annual Report*(Copenhagen: A. P. Moller-Maersk, 2019), https://investor.maersk.com/static-files/984a2b93-0035-40d3-9cae-77161c9a36e0.

27. TradeLens, "CMA CGM and MSC Complete TradeLens Integration and Join as Foundation Carriers," press release, October 15, 2020, https:// www.tradelens.com/press-releases/cma-cgm-and-msc-complete-tradelens -integration-and-join-as-foundation-carriers.

28. 这个案例主要参考了 van der Meulen, N., Weill, P., and Woerner, S. L., "Managing Organizational Explosions during Digital Business Transformations," *MIS Quarterly Executive*, September 2020, 165–182.

29. Domain Group, "About Domain Group," accessed April 8, 2022, https://www.domain.com.au/group/.

30. van der Meulen, Weill, and Woerner, "Managing Organizational Explosions during Digital Business Transformations," 165–182.

第七章

1. 有关"数字化悟性"的定义及其与企业绩效的关系，请参见 Weill, P., Woerner, S. L., and Shah, A.M., "Does Your C-Suite Have Enough Digital Smarts?" *MIT Sloan Management Review*, Spring 2021, 63–67.

2. Weill, Woerner, and Shah, "Does Your C-Suite Have Enough Digital Smarts?"

3. Weill, Woerner, and Shah, "Does Your C-Suite Have Enough Digital Smarts?"

4. 这一部分中所提到的有关拥有数字化悟性的董事会对财务的影响主要来自以下内容：MIT CISR research described in Weill, P., Apel, T., Woerner, S. L., and Banner, J. S., "Assessing the Impact of a Digitally Savvy Board on Firm Performance," MIT Sloan CISR Working Paper, no. 433 (January 2019): https://cisr.mit.edu/publication/ MIT_CISRwp433_DigitallySavvyBoards_WeillApelWoernerBanner; and Weill, P., Apel, T., Woerner, S. L., and Banner, J. S., "It Pays to Have a Digitally Savvy Board," *MIT Sloan Management Review*, March 12, 2019. 我们研究了所有在美国上市、收入超过 10 亿美元且拥有 6 名或以上董事的公司的董事会。

5. Principal Financial Group, "Profile and Offerings," accessed April 8, 2022, https:// www.principal.com/about-us/our-company/profile-and-offerings.

6. Standard Bank Group, "Our Values and Code of Ethics," accessed April 8, 2022, https://www.standardbank.com/sbg/standard-bank-group/who-we-are/our-values-and- code-of-ethics.

7. Cochlear, "About Us," accessed April 8, 2022, https://www.cochlear .com/au/en/ about-us.

8. Schneider Electric, "Company Profile," accessed April 8, 2022, https:// www.se.com/ us/en/about-us/company-profile/.

9. Scott, M., "Top Company Profile: Schneider Electric Leads Decarbonizing Megatrend," *Corporate Knights*, January 25, 2021, https://www.corporateknights. com/leadership/top-company-profile-schneider-electric-leads-decarbonizing- megatrend25289/.

10. Tetra Pak, "Our Identity and Values," accessed April 8, 2022, https://www.tetrapak.com/about-tetra-pak/the-company/our-identity-and-values.

11. DBS, "Our Vision," accessed April 8, 2022, https://www.dbs.com /about-us/who-we-are/our-vision.

12. TradeLens, "Digitizing the Global Supply Chain," accessed April 8, 2022, https://www.tradelens.com/about.

13. Principal Financial Group, "About Us," accessed May 1, 2022, https://www.principal.com/about-us.

14. CarMax, "Our Purpose," accessed April 8, 2022, www.carmax.com /about-carmax.

15. 我们通过在 2015—2019 年间与全球高管就数字化转型进行的一系列访谈和对话，确定了 10 项面向未来的能力。我们使用 MIT CISR 2019 年高层管理团队和转型调查（N=1311）的数据来量化能力与价值之间的关系，并在 2019—2022 年间进行了进一步的访谈。

16. Weill, P., and Woerner, S.L., *What's Your Digital Business Model? Six Questions to Help You Build the Next-Generation Enterprise* (Boston: Harvard Business Review Press, 2018).

17. Sebastian, I. M., Weill, P., Woerner, S. L., "Driving Growth in Digital Ecosystems," *MIT Sloan Management Review*, Fall 2020, Reprint 62127, https://sloanreview.mit.edu/article/driving-growth-in-digital-ecosystems/.

18. Wixom, B. H., and Ross, J. W., "How to Monetize Your Data," *MIT Sloan Management Review*, Spring 2017, Reprint 58310, https://sloanreview.mit.edu/article/how-to-monetize-your-data/.

19. Dery, K., Woerner, S. L., and Beath, C. M., "Equipping and Empowering the Future-Ready Workforce," *MIT Sloan Center for Information Systems Research Briefing* 20, no. 12 (December 2020), https://cisr.mit.edu/publication/2020_1201_FutureReadyWorkforce_DeryWoernerBeath.

20. Wixom, B. H., and Someh, I. A., "Accelerating Data-Driven Transformation at BBVA," *MIT Sloan Center for Information Systems Research Briefing* 18, no. 7 (July 2018), https://cisr.mit.edu/publication/2018_0701_DataDrivenBBVA_WixomSomeh.

21. 参见以下资料中的图 5，Sia, S. K., Weill, P., and Xu, M., "DBS: From the 'World's Best Bank' to Building the Future-Ready Enterprise," Nanyang Business School,

December 2018, Ref No.: ABCC-2019-001, https://cisr.mit.edu/publication/MIT_CISRwp436_DBS-FutureReadyEnterprise_SiaWeillXu.

22. Fonstad, N. O., "Innovating Greater Value Faster by Taking Time to Learn," *MIT Sloan Center for Information Systems Research Briefing* 20, no. 2, February 2020, https://cisr.mit.edu/publication/2020_0201_InnovatingGreaterValueFaster_Fonstad.

23. Sebastian, I. M., Weill, P., and Woerner, S. L., "Three Types of Value Drive Performance in Digital Business," *MIT Sloan Center for Information Systems Research Briefing* 21, no. 3 (March 2021), https://cisr.mit.edu/publication/2021_0301_ValueinDigitalBusiness_SebastianWeillWoerner.

24. 这个案例的内容主要来源于 Weill, P., and Woerner, S. L., "Dashboarding Pays Off," *MIT Sloan Center for Information Systems Research Briefing*, no. XXII-1, January 20, 2022: https://cisr.mit.edu/publication/2022_0101_Dashboarding_WeillWoerner. Revenues are from Schneider Electric SE, "Enabling a Sustainable Future, 2021 Universal Registration Document," https://www.se.com/ww/en/assets/564/document/319364/2021-universal -registration-document.pdf.

25. Tricoire, J.-P., "Accelerating" (presentation, Capital Markets Day 2021, Rueil-Malmaison, France, November 30, 2021), https://www.se.com/ww/en /assets/564/document/260776/accelerating-jean-pascal-tricoire-2021-cmd.pdf.

26. Weill and Woerner, "Dashboarding Pays Off."

27. 简化起见，我们在仪表盘中使用了所有路径的平均分数。在实际数据中，根据路径的不同，分数有一些差异，特别是在转型旅程的前三分之一阶段（我们询问了受访者，他们在转型旅程上的进展与董事会汇报的相比有多大差距）。具体来说，在路径 1 上，运营价值更为重要；在路径 2 上，客户价值更为重要，在转型旅程的第二阶段和最后阶段，差异非常小。

28. 在这个练习中，假设任何得分中的每项内容都同等重要。在实际数据中并非如此，不过，这个假设带来的误差其实很小。

致　谢

写书是一个孤独的过程，但我们很幸运，有着完全相反的经历——我们周围有一群了不起的合作者。我们渴望了解公司如何在数字时代取得成功。MIT CISR 帮助我们不断地进行探索。MIT CISR 是斯隆管理学院（Sloan School of Management）的一个研究中心，它将于 2024 年庆祝成立 50 周年。我们主要研究大型公司如何在下一个技术变革的时代发展壮大。我们拥有一个由大约 80 家成员公司组成的全球社区（请参阅 cisr.mit.edu）。正是 MIT 强大的研究文化，以及与我们一起工作的公司的意愿、慷慨和开放性，使得本书中所描述的研究成为可能。除了与 MIT CISR 的赞助商和资助者合作，我们还调查了 2 000 多家公司，采访了 100 多名高管，他们都与我们分享了自己的见解。我们感谢所有参与其中的人的重要贡献。

我们很幸运，也很自豪，能够在 MIT 这样丰富而令人兴奋的研究环境中工作。我们受益于 MIT 斯隆商学院院长大卫·施密特雷恩（David Schmittlein）和迈克尔·库苏马诺（Michael Cusumano），以及我们的 IT 小组的教授们旺达·奥利科斯基（Wanda Orlikowski）、斯图尔特·马德尼克（Stuart Madnick）、托马斯·马龙（Thomas Malone）和锡南·阿拉尔（Sinan Aral）的领导、支持和鼓励。很高兴与大家一起工作。

我们很高兴再次与杰夫·基霍（Jeff Kehoe）和哈佛商业评论出

214

版社的团队合作（这是我们合作的第七本书）。杰夫的建议提升了本书的质量，并使其更加引人入胜。非常感谢六位匿名审稿人，他们的评论突出了书中需要改进的领域。我们与一支出色的图形团队合作，来自设计工作室 Studio van Diepen 和 TIN 的布德温·范·迪彭（Boudewijn van Diepen）和文森特·梅尔滕斯（Vincent Meertens）。他们提出了很好的问题，让我们思考我们真正想要传达的内容，然后设计图形凸显主题。我们很高兴能与 PR 公司 Kido Communications 的维罗尼卡·基多（Veronica Kido）合作宣传这本书。

MIT CISR 的每一位成员都很出色。MIT CISR 研究团队——旺达·奥利科斯基、芭芭拉·威克瑟姆（Barb Wixom）、尼尔斯·方斯塔德（Nils Fonstad）、尼克·范德穆伦（Nick van der Meulen）、辛西娅·比斯（Cynthia Beath），以及克里斯汀·德里（Kristine Dery）、珍妮·罗斯（Jeanne Ross）和阿曼·沙阿（Aman Shah），鼓励我们、与我们辩论，并帮助我们阐明观点。MIT CISR 管理团队是业内最优秀的团队之一。克里斯·福利亚（Chris Foglia）、多萝西娅·格雷（Dorothea Gray）、谢丽尔·米勒（Cheryl Miller），以及莱斯利·欧文斯（Leslie Owens）和安布尔·弗兰尼（Amber Franey），与赞助商和资助者进行沟通、计划活动、支持研究项目，将研究结果公布出来，并照顾到所需的一切。我们无法进行研究或在没有他们的支持的情况下拥有一个研究中心。我们对你们感激不尽！谢丽尔·米勒还帮助我们寻找和管理图形设计团队。将图形展示出来是一项富有创意、注重细节的工作，并且我们感谢谢丽尔的投入，她帮我们展现了观点。

我们衷心地感谢 MIT CISR 的赞助商的支持。这些大公司是 MIT

CISR 社区的核心，他们的支持不仅是资助我们的研究，还包括提供访问权限、分享数据，并同意成为案例研究的示例。我们很荣幸有机会与他们的领导者合作。他们对数字化技术创造的机遇和挑战充满热情，并愿意分享他们的经验，这帮助我们形成见解并了解最佳实践。我们向他们征求意见，并与他们合作找出他们公司面临的重大问题。最重要的是，我们在他们的办公室和网上举办研讨会，将我们的研究与他们的经验相结合，真正深入了解他们如何解决这些问题。与他们合作是我们的荣幸，这对我们的研究过程至关重要。正是演示、研讨会、讨论、辩论以及偶尔的争论的迭代，帮助我们获取关键信息，形成洞察。过去两年对于我们的成员公司来说，挑战尤其大。每个人都必须调整重点应对新冠疫情，并将转型计划加快数月甚至数年，时间和注意力经常不够。

感谢所有通过讨论想法、叙述经验和分享教训帮助我们的人，谢谢你们。特别感谢那些同意让我们讲述他们的故事的公司，你们的故事使框架变得栩栩如生，并有助于激励其他人追随你的领导。我们相信这本书充分捕捉了你们的见解，并为所有正在向面向未来实施转型的企业提供了有用的工具。

斯蒂芬妮的个人致谢

首先我要感谢彼得和艾娜。彼得和我合作已经超过 15 年了，与彼得一起集思广益和工作会有令人兴奋的、智力上的回报，而且最重要的是，很有趣！彼得有一种不可思议的能力，能够嗅出带有冲击性的想法，这些想法通常基于他最新的研讨会；他会把它们带到我们的会议上，这样我们就可以辩论概念并尝试新的测量方法，推动研究向前发展。我很感激他测试我的思维并鼓励我向外延伸。然而，如果我让任何人认为我们的合作关系只是工作，那么我就失职了。彼得和我都热爱烹饪，我永远不知道他正在尝试的新菜的照片什么时候会出现在我的短信中。艾娜最开始是与我们合作开展一个有关合作和生态系统的研究项目。她是一位出色的案例撰写者，擅长捕捉案例的细节和复杂性。与彼得和艾娜一起撰写这本书非常愉快。

我的 MIT CISR 同事支持我、鼓励我，给我的工作提建议，帮助我弄清楚在哪里进行研究，并使我的工作做得更好。谢谢你们。

我的家人赋予我生命的意义。我的孩子麦克斯（Max）、杰克（Jack）和佐伊（Zoe），以及克里斯（Chris），现在都已经成年了，看着他们进入这个世界真是令人开心。我为他们的成长感到骄傲和高兴。我的父母查尔斯（Charles）和朱迪思·沃纳（Judith Woerner）一直给予我无条件的爱，我不能奢望会有更好的父母。我很幸运有约翰（John）和普里斯·蔡斯（Pris Chase）作为我的姻亲。我的婆婆在本书的编辑期间去世了，我很荣幸我和我的丈夫能够在她生命的最后几个月里陪伴她并支持她。我和我的兄弟姐妹——查理（Charlie）、苏珊（Susan）、玛丽（Mary）、特蕾莎（Teresa）和露丝（Ruth）——在新冠疫情期间变得更加亲密。我很高兴我们把定期在每周的家庭电话中相互交谈作为优先事项，而且我喜欢家庭成员间通过短信聊天——这是重要信息、日常细节和间歇性庆祝活动的持续交流。

新冠疫情让我们感到孤独和孤立，我们需要与朋友和家人保持联系（谢谢，Zoom 提供了巨大帮助）。洛特（Lot）和雪莉·贝茨（Sheri

Bates）是很棒的邻居——多年来，他们一直照顾我们的孩子和宠物（以及他们自己的），他们保管着我们额外的房门钥匙，当我们需要帮助或只是想聊聊时，他们总是在我们身边。我一直与蒂娜·安德伍德（Tina Underwood）和苏西·赫伯特（Susie Hebert）就工作、孩子、手工艺和烹饪进行热烈的对话，我希望很快能见到他们。我的读书小组——阿丽亚娜·贝尔卡迪（Ariane Belkadi）、佩吉·博宁（Peggy Boning）、凯伦·埃斯特雷拉（Karen Estrella）和莎莉·谢尔顿（Sally Shelton），每个月都值得期待。我的瑜伽老师卡罗尔·福克纳（Carol Faulkner）尽管不太习惯借助数字技术，全身心投入学习如何在线上课，但我很珍惜她创造的空间以及所有学生之间的相互支持。我很感谢你们。

我还要感谢几位为我的工作和个人生活做出巨大贡献的专业人士。埃莉诺·康塞尔曼博士（Dr. Eleanor Counselman）一直是我的长期倾听者和顾问，帮助我更好地了解自己。帕梅拉·恩德斯博士（Dr. Pamela Enders）是我的高管教练，在我应对工作挑战时鼓励我并提供建议。我最近开始与田纳西大学诺克斯维尔分校表演系主任杰德·戴蒙德（Jed Diamond）合作，我从来不知道我的声音可以做他教我做的事情。

最后，我要向我的丈夫大卫·蔡斯（David Chase）表示衷心的感谢，感谢他的爱、支持和鼓励。养家糊口和全职工作是一项挑战，而大卫一直是我的伙伴，经历了所有的挣扎和欢乐。我和他交谈并分享想法非常有趣。我期待着旅行、探索并花更多的时间在一起。拥抱和亲吻，大卫！

彼得的个人致谢

当我庆祝我在 MIT 的 22 周年纪念日并完成我的第十本书时，我回顾了我所经历的美好旅程。尝试理解一个问题的答案是我的荣幸和令人兴奋的追求：大公司如何利用技术创造更多的商业价值，以及最近它们如何在数字生态系统时代蓬勃发展？寻求回答这个问题的有趣之处在于，成功的某些方面多年来并没有改变（例如，拥抱变革的能力，而其他方面，包括技术以及我们的合作方式）在数字时代发生了根本性变化（如商业模式、云服务和数字合作）。

当我还是纽约大学斯特恩商学院信息系统系的博士生时，这段奇妙旅程的基础阶段就开始了。我很荣幸能够与该领域的一些最优秀的人一起工作，并在我学习如何进行研究的同时得到他们的支持。非常感谢汉克·卢卡斯（Hank Lucas）、乔恩·特纳（Jon Turner）、玛格丽特·奥尔森（Margrethe Olson）、特德·斯托尔（Ted Stohr）、旺达·奥利科斯基（Wanda Orlikowski）和肯·劳顿（Ken Laudon）（已故）。

很高兴与斯蒂芬妮和艾娜一起踏上这段旅程。斯蒂芬妮和我一起工作已经超过 15 年了。这是我们合作的第二本书，我们撰写了许多论文和 MIT CISR 研究简报。我们的技能互补得特别好，我非常享受我们一起的研究会议，讨论问题、分析数据、提出见解和简化信息。斯蒂芬妮是我共事过的最有才华的数据分析师，即使是最不好用的数据，她也能讲述它们的故事。或许，使斯蒂芬妮如此出色和高产的，是她处理多个项目的能力。在面对研究中难免会遇到的挫折和挑战时，她总是乐观应对，偶尔发发牢骚。这也使她成了一名极好的同事。

对于这本书，我们欢迎艾娜加入团队。艾娜是一位才华横溢的案例研究人员，她很擅长详述关键信息，帮助案例研究讲述故事而不仅仅是讲述事实。

非常感谢多萝西娅·格雷（Dorothea Gray）。与上一本书一样，多萝西娅为本书做出了许多贡献，其中最具挑战性的也许就是和我配合工作。此外，多萝西娅还进行了研究；安排访谈；准备幻灯片；制作文稿；创建演示材料；举办无数的研讨会和讲座；并与我们许多成员公司的董事会、CEO 和技术领导者合作。多萝西娅让这一切看起来很简单，尽管要兼顾多个优先事项、相互冲突的截止日期和不可能的时间表。谢谢。

在我在 MIT CISR 工作的 22 年里，克里斯·福利亚（Chris Foglia）一直是我出色的同事、副主任、知己、顾问以及完全可靠且富有洞察力的合作伙伴。

谢谢你，克里斯，为 MIT CISR 所做的一切。MIT CISR 的成功很大程度上归功于你的努力。

感谢六位才华横溢的专业人士，没有你们，我不可能写出这本书，或者做很多其他的事情。感谢马萨诸塞州眼耳科医院的迪恩·艾略特博士（Dr. Dean Eliott），他恢复了我左眼的视力，并帮助了许多其他患者。感谢墨尔本体育诊所的董事兼创始人蒂姆·施莱格（Tim Schleiger）和普拉提老师阿兰娜·米勒（Alannah Miller），感谢你们让我为下一场演示做好准备。非常感谢终身好友、田纳西大学诺克斯维尔分校表演系主任杰德·戴蒙德和澳大利亚语音医学中心的黛比·菲兰博士（Dr. Debbie Phyland），感谢他们让我的声音在说话太多的情况下仍能正常工作；以及纽约大学的约翰·萨诺（John Sarno）（已故），他开创了身心理解和治疗背痛的先河。

我谨将本书献给澳大利亚韦尔家族的两位最新成员艾米丽（Emily）和帕克（Parker），以及夏洛特（Charlotte）和艾娃·莱斯基（Ava Leski）。我们确实是为了你和你这一代人而努力了解如何创造更美好的未来。感谢我在澳大利亚的家庭的所有其他成员：史蒂夫（Steve）、路易斯（Lois）、大卫（David）、玛塔（Marta）、西蒙（Simon）、艾米（Amy）和奥利维亚（Olivia）——感谢你们的帮助，让这一切变得值得。

热烈欢迎莱斯基（Leski）双胞胎来到这个世界。我有一种感觉，鉴于你们的父母亚当（Adam）和贝卡（Bec），你们将成为数字巨星，并带领我们迈向数字化的新高度。

致我的妻子玛吉·奥尔森（Margi Olson），她是我的真爱和生活伴侣：拥抱并谢谢你。感谢你找到一种方式来享受我们疯狂的环球旅行并让它变得有趣。谢谢你总是想理解我在说什么，即使我还在酝酿想法。感谢你鼓励我踏上这段发现之旅，并成为我一路上的伙伴。我期待着更多的一起散步，讨论下一个让我们着迷的大问题。

艾娜的个人致谢

感谢我的合著者斯蒂芬妮·L.沃纳和彼得·韦尔在本书和在其他 MIT CISR 研究方面鼓舞人心的合作。我还感谢我在 MIT CISR 的同事和导师，尤其是我们共同致谢中提到的那些人。我的工作也从其他导师和朋友的指导中受益匪浅。我要特别感谢伊丽莎白·戴维森（Elizabeth Davidson）和乔迪·霍弗·吉特尔（Jody Hoffer Gittell）的支持。我要感谢我的丈夫本杰明·奥肯（Benjamin Okun）、我的母亲乌苏拉·塞巴斯蒂安（Ursula Sebastian）；感谢我的父亲汉斯·于尔根·塞巴斯蒂安博士（Dr. Hans–Jürgen Sebastian）的爱与支持。特别对我的父亲：有你是我的幸运！我对你的思念无法用语言来表达。

关于作者

斯蒂芬妮·L. 沃纳（Stephanie L. Woerner）是 MIT CISR 的主任兼研究科学家。MIT CISR 在全球拥有大约 85 名公司成员，它们会参与该研究的应用、讨论，并进行支持。斯蒂芬妮主要研究公司如何利用技术和数据创建更有效的商业模式，以及如何管理相关的组织变革。她在《MIT 斯隆管理评论》（*Sloan Management Review*）上合著发表的文章包括"在日益数字化的生态系统中蓬勃发展"（Thriving in an Increasingly Digital Ecosystem）（被 SMR 评为 10 年来最热门的文章之一）、"拥有一个精通数字化的董事会是值得的"（It Pays to Have a Digitally Savvy Board）和"你公司的最高管理层是否拥有足够的数字智慧？"（Does Your C-Suite Have Enough Digital Smarts?）。2018 年，斯蒂芬妮和彼得·韦尔出版了《你的数字商业模式是什么？》（*What's Your Digital Business Model?*）一书（由哈佛商业评论出版社于 2018 年出版）。

斯蒂芬妮曾为大型跨国公司的高层管理团队和董事会做过演讲和研讨会，是《华尔街日报》CEO 委员会（Wall Street Journal CEO Council）的主题专家，并主持了多场小组讨论，其中包括一个关于美联储金融服务未来的小组讨论。她在斯坦福大学商学院获得组织行为学博士学位。

彼得·韦尔（Peter Weill）是一位充满热情的研究员、演讲者、

推动者，致力于研究企业如何在数字经济中取得成功。他是 MIT
CISR 的名誉主席和兼职高级研究科学家，该中心研究如何在数字时
代转型以获得成功。

　　这是彼得与哈佛商业评论出版社合作的第七本书。他还在《MIT
斯隆管理评论》《哈佛商业评论》《华尔街日报》和学术媒体上发表过
文章。出版业巨头齐夫·戴维斯集团（Ziff Davis）将韦尔评为 "IT 领
域 100 名最具影响力人物"（The Top 100 Most Influential People in IT）
的第 24 名，在学者中排名最高。他曾与全球 150 多家公司的执行委
员会和董事会一起研究数字化问题。

　　彼得很享受自己的职业生涯组合，包括帮助领导 MIT 斯隆商学院
设计高管培训项目，服务实施公司数字化转型的董事会成员和高层领
导团队，以及担任风险投资和私募股权公司 Insight Partners 的战略顾
问，寻找实施面向未来转型的最佳实践。

　　艾娜·M. 塞巴斯蒂安（Ina M. Sebastian）主要研究大型组织如何
转型，在数字经济中取得成功。她的研究重点是数字生态系统中的合
作。她特别感兴趣的是，当公司以全新的方式跨行业和部门合作来解
决复杂的挑战时，它们如何协调生态系统中的协作。

　　艾娜是 MIT CISR 的研究科学家。在 2014 年加入 MIT CISR 之前，
她在夏威夷大学获得了国际管理博士学位，主攻信息系统。在获得博
士学位之前，她是旧金山湾区的行业分析师。

　　艾娜关于数字生态系统、数字战略和组织重新设计以及数字工作
场所的出版物已发表在《MIT 斯隆管理评论》和其他学术媒体上。